Gisela Tubes

Süßes von Waldbäumen und Wildsträuchern

Quelle & Meyer Verlag Wiebelsheim

Inhaltsverzeichnis

Einführung

Die Wildpflanzenküche ist in! Fast jeder kennt den „Hugo", Sekt mit Holunderblüten-Sirup und Minzblatt, der nicht nur als Aperitif gereicht werden kann. Bärlauch- und Sauerampfersüppchen, Löwenzahnsalat und Holunderküchlein wie auch Rote Grütze aus Waldbeeren finden sich auf so mancher Speisekarte.

In großer Zahl sind im Handel Wildpflanzenkochbücher mit den unterschiedlichsten Schwerpunkten zu finden. Im vorliegenden Rezeptbuch geht es speziell um süße Rezepte von Waldbäumen und Wildsträuchern. Im Vordergrund steht dabei die Verarbeitung der Früchte, aber auch Blätter und Blüten einiger Gehölzarten finden Verwendung.

Richtiges Sammeln

Das Sammeln und Verwerten von Blättern, Blüten und Früchten unserer heimischen Bäume und Sträucher setzt gute Pflanzenkenntnisse voraus. Einige Gehölzarten tragen Früchte, die leicht mit den giftigen Früchten anderer Gehölze verwechselt werden können.

Wer also Wildpflanzen oder Teile davon zum Verzehr sammeln möchte, sollte sich zuvor gute Pflanzenkenntnisse aneignen. Bestimmungsbücher stehen dabei hilfreich zur Seite; vielerorts angebotene Kräuterwanderungen von Fachleuten bieten ebenfalls Unterstützung.

Beim Sammeln von Wildpflanzen sind folgende Punkte zu beachten:

» Nur Teile von Pflanzen nehmen, die eindeutig bestimmt sind.

» Nur frische und unbeschädigte Teile sammeln.

» Zum Sammeln evtl. ein Messer oder eine Schere benutzen.

» Nur dort Pflanzenteile sammeln, wo diese in größeren Mengen vorhanden sind.

» Einen Teil der Blüten und Früchte an der Pflanze belassen, damit die Vermehrung gesichert ist. Außerdem stehen Blütennektar und Früchte bei vielen unserer heimischen Tierarten auf dem Speiseplan.

» Nur so viele Pflanzenteile nehmen, wie auch wirklich verbraucht werden sollen.

» Pflanzenteile nicht in Plastiktüten geben, da sie ansonsten „schwitzen". Körbe, Papiertüten oder Stoffbeutel verwenden.

» Wegen der Abgasbelastung nicht an den Rändern viel befahrener Straßen sammeln.

» Orte meiden, an denen mit Pestiziden oder Herbiziden gearbeitet wird; zum Beispiel Hecken oder Waldränder, die unmittelbar an intensiv genutzte Ackerflächen grenzen.

» Gegebenenfalls beim Förster oder bei Grundstückseignern eine Erlaubnis zum Sammeln einholen.

» Nicht in Naturschutzgebieten sammeln!

» Keine gefährdeten oder geschützten Pflanzen sammeln! Informationen zum Schutzstatus der Pflanzen in den jeweiligen Landesteilen sind bei „www.floraweb.de" einsehbar oder in den „Roten Listen" des Bundes und der Länder.

Hinweise zur Buchbenutzung

Beschreibung der Pflanzenarten

Das vorliegende Buch beinhaltet Rezepte, mit denen Blätter, Blüten und / oder Früchte von 22 heimischen Gehölzarten zu süßen Speisen und Getränken verarbeitet werden können.

Die Pflanzenarten sind alphabetisch geordnet und werden mit Fotos und Text vorgestellt. Auf eine kurze Beschreibung der Pflanzenart folgen Angaben zum Vorkommen in der Natur und zum Anbau im Garten. Blüte und Frucht werden mit der Angabe der Monate, in denen sie erscheinen, näher beschrieben. Sammelhinweise informieren über das Sammelgut, den Geschmack und auch über die Besonderheiten, die beim Sammeln beachtet werden sollten. Ein weiterer Punkt listet auf, ob das Sammelgut roh verarbeitet werden kann und in welcher Form es in der Küche zur Weiterverarbeitung für süße Rezepte Verwendung findet. Hinweise zur Verarbeitung werden aufgelistet.

Unbedingt beachtet werden sollte der Punkt „Wichtig" , bei dem es unter anderem um Angaben zur Giftigkeit der Pflanzenteile geht.

Anbau im Garten

Tipps für den Anbau der Gehölze im eigenen Garten werden hier nicht allein deshalb gegeben, um sich das Suchen und Sammeln zu ersparen. Spaziergänge oder Wanderungen in der Natur sind der Gesundheit des Menschen bekanntermaßen sehr zuträglich.

Durch das Einbringen der heimischen Gehölze in den eigenen Garten belebt und bereichert man diesen in hohem Maße. Blüten und Früchte heimischer Pflanzenarten locken eine wesentlich höhere Anzahl Insekten und Vögel an als die meisten fremdländischen Gartengehölze dies vermögen. So nebenbei wird manch ein Pflanzenschädling von den Tieren verzehrt. Nicht zuletzt sind zahlreiche unserer heimischen Gehölzarten sehr dekorativ und schmücken mit Blüten, Früchten oder auch mit einer bunten Herbstfärbung den Garten.

Rezepte

Die Rezepte sind bei jeder Pflanzenart in der gleichen Reihenfolge aufgelistet.

» Saft, Sirup, Zuckerguss und Co.
» Marmelade, Gelee und andere süße Aufstriche
» Dessert, Eis und süße Suppen
» Kuchen, Gebäck und Plätzchen
» Konfekt und andere Knabbereien
» Alkoholfreie Getränke
» Liköre und andere alkoholhaltige Getränke

Verwendete Abkürzungen und Symbole

Msp.	=	Messerspitze
TL	=	Teelöffel
EL	=	Esslöffel
g	=	Gramm
kg	=	Kilogramm
l	=	Liter
ml	=	1 Milliliter = 0,001 l

Sonstige Hinweise

» Statt Vanillepulver (von echter Vanille / im Bioladen erhältlich) kann auch Vanillezucker oder ein anderer Vanilleextrakt und natürlich das Mark der Vanilleschote verwendet werden.

» Auf den Einsatz von weiteren Gewürzen wurde weitgehend verzichtet, da der Eigengeschmack des Sammelgutes im Vordergrund steht. Da sind der Experimentierfreudigkeit jedes Einzelnen keine Grenzen gesetzt. Die auf die Rezeptbeschreibungen folgenden Tipps geben dazu Anregungen.

» Die Angaben zur Backtemperatur beziehen sich auf Einstellungen bei Ober- und Unterhitze des Backofens.

» Die Wahl des Geliermittels zur Herstellung von Marmelade und Gelee wird dem Leser überlassen. Gängig sind Gelierzucker, die 1:1 oder 1:2 eingekocht werden. Genaue Angaben zur Verarbeitung sind den Packungsanleitungen zu entnehmen.

» Blüten sollten vor der Verarbeitung möglichst nicht gewaschen, aber auf eventuell vorhandene Insekten kontrolliert werden.

» Sollte ein Liköransatz nach der Reife nicht süß genug sein, kann er mit einer Zuckerlösung nachgesüßt werden. Dabei Zucker und Wasser (zum Beispiel 100 ml Wasser mit 100 g Zucker) so lange einkochen, bis sich die Kristalle aufgelöst haben und die Flüssigkeit klar ist. In eine Flasche füllen, abkühlen lassen und den Likör damit nach Geschmack nachsüßen.

» In Alkohol eingelegte Früchte, die bei der Likörverarbeitung als Nebenprodukt anfallen, können weiter verarbeitet werden. So lassen sich zum Beispiel Vogelkirschen oder Himbeeren zu Marmelade verarbeiten oder direkt über Eis anrichten.

» Zu zahlreichen Früchten, wie zum Beispiel Himbeere, Hasel- und Walnuss, gibt es bereits eine Vielzahl von Rezepten, so dass hier bewusst nur wenige aufgeführt werden.

» Die Autorin behält sich vor, Rezepte, die mehr als 5 Silben aufweisen, zur besseren Übersicht mit Bindestrichen zu versehen. So heißt es zum Beispiel nicht Holunderbeerenbuttermilch sondern Holunderbeeren-Buttermilch.

» Die Autorin hat die Rezepte nach bestem Wissen und Gewissen zusammengestellt und ausprobiert. Manch einem Anwender mögen die nicht immer auf 4 Personen ausgerichteten Mengenangaben einiger Rezepte zu ungenau sein. Hier bittet die „Hobbyköchin" um Nachsicht.

Brombeere

Brombeere

Rubus fruticosus agg.
Rosengewächs

Bis zu 2 m hoher Strauch mit meist überhängenden Zweigen; mit Hilfe rückwärts gerichteter Stacheln ist er in der Lage, bis zu 5 m empor zu klettern. Brombeersträucher bilden oft ein dichtes, undurchdringliches Gebüsch. Dunkelgrüne, handförmig geteilte Blätter; über den Winter bis zum neuen Austreiben im Frühjahr grün bleibend. Starke Ausbreitung durch unterirdische Wurzelsprosse.

Vorkommen Hecken und Gebüsche, Wälder und Waldränder. Meist nährstoff- und basenreiche Böden.

Anbau im Garten Hecke als „lebender Stacheldraht". Ausbreitungsfreudig. Wildarten nur aus dem jeweiligen Naturraum einsetzen oder Kultursorten aus dem Handel pflanzen.

Blüte Mai bis August. Weiße bis rosafarbene, duftlose Blüten in endständigen Rispen oder Trauben.

Fruchtreife August bis September. Tiefblau gefärbte, glänzende Sammelsteinfrucht, die sich aus 20 bis 50 einzelnen Steinfrüchtchen zusammensetzt.

Sammelhinweis Fruchtig süß-säuerliche Früchte. Beim Pflücken Stacheln beachten.

Süße Verwertung Roh essbar. Die Früchte können zu Mus, Kompott, Marmelade, Gelee sowie zu Saft, Wein und Likör verarbeitet werden. Zum Zubereiten von Torten, Gebäck und Desserts.

Verarbeitungshinweis Früchte färben. Zum Einfrieren gut geeignet.

Brombeersaft

Zutaten

Brombeeren
Wasser
Zucker (etwa 400 g je 1 Saft)

Brombeeren verlesen, waschen und in einen Topf geben. So viel Wasser zugeben, dass etwa ein Drittel der Früchte davon bedeckt ist. 20 Minuten köcheln lassen. Ab und zu umrühren. Saft durch ein altes Geschirrtuch filtern. Falls klarer Saft gewünscht wird, dürfen die Früchte im Tuch nicht ausgepresst werden.

Je Liter Saft etwa 400 g Zucker zugeben, nochmals aufkochen und heiß in saubere Flaschen füllen, sofort verschließen.

Unverdünnt über Quark und Vanillepudding; mit Mineralwasser aufgegossen erhält man ein erfrischendes, fruchtiges Getränk.

Tipp
Die Früchte lassen sich auch im Entsafter verarbeiten.

Brombeer-Himbeer-Marmelade

Zutaten

500 g Brombeeren
500 g Himbeeren
Saft einer Zitrone
Gelierzucker

Früchte gut verlesen, waschen und abtropfen lassen. Mit dem Gelierzucker und dem Zitronensaft in einen Topf geben, gut vermengen und über Nacht stehen lassen. Am nächsten Tag nach Packungsanleitung des Geliermittels einkochen. Heiß in saubere Gläser füllen.

Brombeer-Holunder-Marmelade

Zutaten

650 g Brombeeren
250 ml Holunderbeeren-Saft
(S. 84)
Saft von 1 Zitrone
Gelierzucker für 1 kg Früchte

Brombeeren gut verlesen, waschen und abtropfen lassen. Mit dem Holunderbeeren-Saft, dem Gelierzucker und dem Zitronensaft in einen Topf geben, gut vermengen und über Nacht stehen lassen. Am nächsten Tag nach Packungsanleitung des Geliermittels einkochen. Heiß in saubere Gläser füllen.

Brombeer-Apfelkompott

O bst waschen. Äpfel schälen, das Kerngehäuse entfernen und die Früchte klein schneiden. Alle Zutaten in einen Topf geben und etwa 10 bis 15 Minuten köcheln lassen. Gelegentlich umrühren. Über Quark, Joghurt oder Vanillepudding geben.

Tipp
Auch mit Birnen sehr schmackhaft.

Zutaten

500 g Brombeeren
500 g reife Äpfel
100 g Zucker
etwa 250 ml Wasser

Brombeer-Birnencrumble

- 2 Birnen
- 200 g Brombeeren
- 2 EL Zucker
- 1 Prise Zimt
- 1 Msp. Vanillepulver
- 2 EL weiche Butter
- 4 EL Mehl

Birnen schälen und klein schneiden; mit den gewaschenen und abgetropften Brombeeren vermengen und auf 4 feuerfeste Förmchen verteilen. Die restlichen Zutaten mit der Hand zu einem Krümelteig verarbeiten und diesen über die Früchte verteilen. Im vorgeheizten Backofen bei 200°C etwa 20 Minuten backen.
Heiß, lauwarm oder kalt mit Sahne oder Vanillesoße servieren.

Tipp
Statt Birnen Äpfel verwenden.

Brombeertorte

Eier und Wasser kräftig verrühren. Zucker und Vanillepulver zugeben und weiterhin kräftig schlagen. Mehl, Backpulver und gemahlene Haselnüsse vermengen und vorsichtig unter die Masse rühren. In eine mit Backpapier ausgelegte Springform geben und im vorgeheizten Backofen bei 180°C etwa 30 Minuten backen.

Teig in der Springform belassen und die gewaschenen und abgetropften Brombeeren auf den ausgekühlten Teigboden legen. Für den Belag Mascarpone mit Puderzucker und Vanillepulver verrühren, Sahne mit Sahnesteif schlagen und unterheben. Die Masse auf die Brombeeren verteilen. Die Torte etwa 4 bis 5 Stunden kalt stellen.

Zutaten Teig

3 Eier
2 EL Wasser
100 g Zucker
1 Msp. Vanillepulver
100 g Mehl
1 gestrichener TL Backpulver
50 g gemahlene Haselnüsse

Zutaten Belag

Brombeeren
200 g Mascarpone
40 g Puderzucker
200 ml Sahne
1 Päckchen Sahnesteif
1 Msp. Vanillepulver

Brombeer-Schokofrüchtchen

Zutaten

frisch gepflückte Brombeeren
weiße Schokolade

Trockene Früchte in langsam erwärmte und aufgelöste Schokolade tauchen und zum Trocknen auf Pergamentpapier legen. Gekühlt lagern. Die Früchtchen sind nicht lange haltbar – aber wer kann da schon widerstehen!

Brombeerlikör

Brombeeren waschen, trocken tupfen und in eine weithalsige Flasche füllen. Kandis zugeben und mit Korn auffüllen. 2 Monate ruhen lassen. Hin und wieder schütteln. Filtern, in Flaschen füllen und noch einige Wochen reifen lassen.

Tipp
Ein Stück Zimtstange zugeben.

Zutaten

200 g Brombeeren
150 g weißer Kandis
700 ml Doppelkorn

Buche

Buche

Fagus sylvatica
Buchengewächs

Bis über 35 m hoch werdender, sommergrüner Laubbaum mit hellgrauer, glatter Rinde. Auffällig lange, spitze Blattknospen. Blätter eiförmig.

Vorkommen Laub- und Mischwälder, Parkanlagen. Auf nicht zu nährstoffarmen, mit Vorliebe lehmigen Böden.

Anbau im Garten In parkartigen Gärten als Solitärbaum.

Blüte April bis Mai. Unscheinbare, braune Blütenstände.

Fruchtreife September bis Oktober. Braune, dreikantige Nuss in stacheligem Fruchtbecher; auch Buchecker genannt. Gute Erträge nur etwa alle 7 Jahre.

Sammelhinweis April bis Mai: Junge, etwas säuerlich schmeckende Blätter. September bis Oktober: Bucheckern, erinnern im Geschmack an Mandeln. Die ersten herunterfallenden Bucheckern nicht sammeln, da sie meist taub oder verwurmt sind.

Süße Verwertung Junge Blätter als Grundlage zur Herstellung von Buchenlikör. Bucheckern roh wie geröstet zum Knabbern genießbar. Verarbeitung (wie Nüsse) in Kuchen, Plätzchen und Brot.

Verarbeitungstipps Zum besseren Lösen der holzigen Schalen Bucheckern mindestens vierzehn Tage trocknen lassen oder kurz in der Pfanne anrösten.

Wichtig Bucheckern roh nur in kleinen Mengen (nicht mehr als etwa 40 Nüsschen) verzehren, da sie die schwach giftigen Inhaltsstoffe Fagin und Oxalsäure enthalten; durch Erhitzen oder Rösten werden die unverträglichen Inhaltsstoffe zerstört, das Aroma wird sogar verbessert.

Nussblüten

Zutaten Teig

150 g Butter
100 g Zucker
2 Eier
2 EL Wasser
400 g Mehl

Zutaten Nussmischung

150 g Fichtenspitzen-Sirup
(S. 43) oder Honig
100 g Zucker
4 EL Sahne
500 g grob gehackte Walnüsse,
Haselnüsse und Bucheckern

Sonstiges

Hagebutten-Marmelade

Butter und Zucker kräftig verrühren, Eier und Wasser zugeben und weiterrühren. Mehl untermengen und verkneten. 30 Minuten im Kühlschrank ruhen lassen.

Unter ständigem Rühren Sirup und Zucker im Topf so lange langsam erhitzen, bis sich der Zucker aufgelöst hat. Sahne einrühren, Topf vom Herd nehmen und die Nüsse unterheben.

Teig ausrollen und Blütenmotive ausstechen. Einen Teil der Teigblüten auf ein gefettetes Backblech legen, einen Teil in Muffin-Papierförmchen geben und diese in eine Muffinform legen, einen Teil der Teigblüten nur in ein Muffin-Papierförmchen geben. So entstehen unterschiedliche Blütenformen. Einige der Blüten mit Hagebutten-Marmelade bestreichen und einen Teelöffel der Nussmischung auflegen. Alternativ kann auch ein Klecks Marmelade oben auf die Nussmischung gegeben werden. Im vorgeheizten Backofen bei 180°C etwa 20 bis 25 Minuten backen.

Tipp
Auch ohne Bucheckern köstlich.

Bucheckern-Plätzchen

Aus den Zutaten einen Mürbeteig herstellen, zu einer Rolle mit einem Durchmesser von etwa 4 cm formen und 30 Minuten kalt stellen. Etwa einen halben Zentimeter dicke Scheiben von der Rolle schneiden und auf ein gefettetes Blech legen. Nach Belieben eine oder mehrere Bucheckern auflegen. Im vorgeheizten Backofen bei 180°C etwa 12 bis 15 Minuten backen.

Tipp
Auch mit Walnüssen, Haselnüssen oder Nussmischungen zu empfehlen.

Zutaten

240 g Dinkelmehl
240 g Zucker
6 Eigelb
200 g kalte Butter
200 g gemahlene oder fein zerstoßene Bucheckern
1 TL Zimt
ganze Bucheckern zum Verzieren

Birnen-Muffins mit Bucheckern

Birnen schälen, Kerngehäuse entfernen und die Früchte in kleine Stückchen schneiden. Zucker, Butter, Vanillepulver und Eier schaumig schlagen. Mehl, Backpulver und Zimt vermengen und zugeben. Zum Schluss die Bucheckern und Birnenstückchen unterheben.

Teig in eine gebutterte Muffinform füllen und im vorgeheizten Backofen bei 200°C etwa 20 bis 25 Minuten backen.

Zutaten

100 g klein gehackte Bucheckern
3 Birnen
100 g Zucker
150 g Butter
1 Msp. Vanillepulver
3 Eier
200 g Mehl
1 halbes Päckchen Backpulver
1 Msp. Zimt
ganze Bucheckern zum Verzieren

Buchenblattlikör

B lätter mit dem Doppelkorn in eine weithalsige Flasche geben und für 4 Wochen an einen warmen, aber nicht sonnigen Platz stellen. Hin und wieder schütteln. Filtern! Zucker und Wasser so lange erhitzen, bis sich die Kristalle aufgelöst haben. Etwas abkühlen lassen und dem Ansatz zugeben, wie auch ein Gläschen Weinbrand. Weitere 3 bis 4 Wochen ruhen lassen.

Tipp
Ein kleines Stückchen Ingwerwurzel in den Ansatz geben.

Zutaten
- 2 Handvoll ganz junge Buchenblätter
- 500 ml Doppelkorn
- 250 g Zucker
- 300 ml Wasser
- 1 Gläschen Weinbrand

Eberesche

Eberesche

Sorbus aucuparia
Rosengewächs

Bis 15 m hoher, zierlicher Baum mit lichter Krone. Gefiederte Blätter bis 20 cm lang und 9 bis 15 gezähnte Nebenblättchen aufweisend; orangefarbige bis rote Laubfärbung im Herbst. Stark austreibende Wurzelsprosse können eine einzige Pflanze wie eine Gruppe von Ebereschen erscheinen lassen. Auch Vogelbeere genannt.

Vorkommen In Wäldern, Hecken und Gebüschen; als Zierbaum in Gärten und Parkanlagen. Auf sauren Böden. Lichtbedürftiges Pioniergehölz.

Anbau im Garten Dekoratives Wildgehölz aufgrund der reichen Blütenpracht, der reifen Vogelbeeren und der Herbstfärbung. Wenig Schatten werfend. Ausbreitungsfreudig. Sehr anspruchslos.

Blüte Mai bis Juni. Doldenrispen mit jeweils Hunderten von kleinen weißen Blüten mit intensivem Duft, den manche als unangenehm empfinden.

Fruchtreife September bis Oktober, lange am Gehölz verbleibend. Leuchtend orangerote, erbsengroße Frucht mit mehreren Kernen.

Sammelhinweis September bis November. Bitterherbe Früchte. Beste Zeit zum Sammeln ist nach dem Frost, meist erst im November. Früchte der Mährischen Eberesche, eine Unterart der Eberesche, schmecken weniger bitter; sie wird in Baumschulen auch unter dem Namen „Süße Eberesche" angeboten.

Süße Verwertung Roh ungenießbar und schwach giftig. Aus den vollreifen Früchten kann Gelee und Likör hergestellt werden.

Verarbeitungshinweis Die Bitterkeit der Früchte wird durch die ersten Fröste, alternativ durch Einfrieren vermindert. Mit süßen Zutaten wie Äpfel oder Birnen verarbeiten.

Wichtig Die Früchte der Eberesche sollten roh nicht verzehrt werden, da sie aufgrund des Inhaltsstoffes Parasorbinsäure schwach giftig und daher unbekömmlich sind. Beim Kochen und Trocknen wird dieser Wirkstoff weitgehend zerstört.

Vogelbeergelee

V ogelbeeren in Apfel- oder Birnensaft weich kochen. Flüssigkeit durch ein Tuch seihen (nicht
ausdrücken, wenn ein klares Gelee gewünscht wird).
Flüssigkeit und Saft einer Zitrone mit Geliermittel
nach Packungsanleitung zu Gelee einkochen. Heiß
in saubere Gläser füllen.

Zutaten

300 g Vogelbeeren
1 l Apfel- oder Birnensaft
Saft von 1 Zitrone
Gelierzucker

Tipp
Nimmt man mehr oder weniger Vogelbeeren,
bekommt das Gelee einen mehr oder weniger
bitteren Beigeschmack.

Vogelbeerlikör

V ogelbeeren vorsichtig etwas zerstampfen und
mit dem Kandis und dem Korn in eine weithalsige Flasche füllen. 3 Monate ruhen lassen. Hin und
wieder schütteln. Filtern, in Flaschen füllen und
noch einige Monate reifen lassen.

Zutaten

200 g Vogelbeeren
150 g weißer Kandis
700 ml Doppelkorn

Tipp
Einige Nelken und ein Stückchen
Zimtstange zugeben.

Esskastanie

Esskastanie

Castanea sativa
Buchengewächs

15 bis 30 m hoher, sommergrüner Laubbaum mit weit ausladender Krone. Blätter länglich-lanzettlich, stachelig gezähnt, bis 25 cm lang. Stamm häufig drehwüchsig.

Vorkommen Heimat Südwestasien; von den Römern in Südwestdeutschland eingeführt; eng mit dem Weinanbau verbunden, da die Esskastanie wie der Wein zum Fruchtansatz Wärme benötigt. Heute Kulturbaum und stellenweise in Eichen- und Buchenwäldern verwildert anzutreffen. Auf kalkarmen, tiefgründigen Humusböden.

Anbau im Garten In großen Gärten als Solitärbaum.

Blüte Mai bis Juni. Einhäusig, männliche und weibliche Blüten getrennt auf einer Pflanze; pinselförmig aussehende männliche Ähren mit unzähligen Staubbeuteln, kugelige weibliche Blütenstände mit 3 einzelnen Blüten.

Fruchtreife Oktober. Nussfrucht mit stacheligem Fruchtbecher; auch Kastanie, Esskastanie oder Marone genannt.

Sammelhinweis Kastanien. Roh mehlig schmeckend, gebacken oder geröstet nussig süß.

Süße Verwertung Nussfrüchte können zu Mus, Pudding, Gebäck, Konfekt und Likör verarbeitet werden.

Verarbeitungstipps Frische Kastanien sind schwer und glänzend, ältere trocknen aus und werden leicht und matt. Frische Früchte lassen sich von verdorbenen durch die Schwimmprobe unterscheiden; verdorbene schwimmen im Wasser oben. Esskastanien sollten nach der Ernte möglichst bald verarbeitet werden, damit sie nicht verderben.
Esskastanien müssen vor der Verarbeitung von der Schale und der bitteren dunklen Innenhaut befreit werden. Dazu werden frisch gesammelte Früchte auf der gewölbten Seite kreuzweise eingeritzt und so lange in Wasser gekocht (etwa 20 bis 30 Minuten), bis die Schale aufplatzt. Sie können auch 20 bis 30 Minuten bei 200 Grad im Backofen gebacken werden. Dann springen die angeritzten Früchte auf und lassen sich meistens ganz leicht schälen. Auch die Innenhaut lässt sich so leicht lösen. Kastanien sind blanchiert oder püriert gut zum Einfrieren geeignet.

Maronen-Zuckerguss

Zutaten

100 g Puderzucker
2 - 3 EL Kastanien-Likör
(S. 36)

Puderzucker in eine Schüssel sieben und nach und nach so viel Likör zugeben, bis ein dickflüssiger Zuckerguss entsteht. Zum Bestreichen von Kuchen und Plätzchen geeignet.

Tipp
Etwas Zimt und / oder Kakao unter den Zuckerguss rühren.

Maronencreme
für Torten- und Gebäckfüllungen

Zutaten

250 g Mascarpone
2 EL Kastanienmus (S. 29)
etwas Sahne

Mascarpone und Kastanienmus verrühren und so viel flüssige Sahne beigeben, dass eine cremige Masse entsteht.

Helle und vor allem dunkle Biskuit-Tortenböden, Muffins und anderes Gebäck mit der Maronencreme füllen oder bestreichen.

Tipp
Zum Verzieren Schokostreusel oder Kakaopulver verwenden.

Kastanienmus

Zutaten
. . . .
300 g gegarte Esskastanien
150 g Zucker
250 ml Wasser
1 Msp. Vanillepulver

Zucker mit Wasser und Vanillepulver so lange bei milder Hitze kochen, bis sich der Zucker aufgelöst hat. Kastanien zugeben und die Masse einige Minuten unter Rühren köcheln lassen. Topf vom Herd nehmen, Masse mit dem Mixstab pürieren und je nach gewünschter Konsistenz unter Rühren noch etwas einkochen lassen. Dabei beachten, dass sich die Masse durch das Abkühlen auch noch eindickt. Heiß in kleine Gläser füllen.

Süßer Aufstrich und Grundlage für leckere Desserts, Kuchenfüllungen und Konfekt.

Birnen-Apfelsalat mit Maronensoße

Zutaten

- 2 säuerliche Äpfel
- 2 Birnen
- 1 EL Kastanienmus (S. 29)
- 2 EL Naturjoghurt
- 1 EL Orangensaft
- 1 EL Kastanien-Likör (S. 36)

Äpfel und Birnen schälen, klein schneiden und vermengen. Restliche Zutaten verrühren und über das Obst geben.

Tipp
Auch ohne Kastanien-Likör sehr schmackhaft.

Maronenspeise

Zutaten

- 250 g Quark
- 2 EL Kastanienmus (S. 29)
- 1 Msp. Zimt
- Orangensaft
- 1 Becher Sahne

Quark, Maronenmus und Zimt mit so viel Orangensaft kräftig verrühren, dass eine cremige Masse entsteht. Mit geschlagener Sahne servieren.

Maroneneis

Zutaten

- Vanilleeis
- Kastanienmus (S. 29)
- Sahne
- Schokostreusel

Pro Portion Vanilleeis nach Geschmack etwa einen halben TL Kastanienmus mit einer Gabel untermengen. Kugeln formen, in einen Eisbecher geben und mit geschlagener Sahne und Schokostreuseln garniert servieren.

Maronen-Schokomuffins

Butter, Zucker und Vanillepulver kräftig verrühren. Zunächst die Eier einzeln, dann das mit Backpulver vermengte Mehl nach und nach kräftig unterrühren, zuletzt das Kastanienmus und die Schokostreusel. Teig in Muffinförmchen füllen und im vorgeheizten Backofen bei 180 °C etwa 25 Minuten backen.

Zutaten

100 g weiche Butter
75 g Zucker
1 Msp. Vanillepulver
2 Eier
200 g Mehl
1 geh. TL Backpulver
1 geh. EL Kastanienmus (S. 29)
2 EL Schokostreusel

Maronen-Cremeschnitte

Maronencreme (S. 28)
Schokoladenkuchen
gedünstete Birnen oder
eingemachte Birnen
Schokostreusel

Eine Scheibe Schokoladenkuchen auf einen Dessertteller legen. Abgetropfte Birnen in Spalten schneiden und einige davon auf das Kuchenstück legen. Mit einem Klecks Maronencreme (eventuell mit Spritztülle) und Schokostreuseln garnieren.

So lässt sich der Rest eines Schokoladenkuchens schnell in etwas Besonderes verwandeln.

Gebackene Maronen

Schale der Esskastanien kreuzweise einritzen, da sie ansonsten explodieren könnten. Im vorgeheizten Backofen bei 200°C etwa 20 Minuten backen. Noch heiß wird die Schale wie auch die darunter liegende, bitter schmeckende braune Haut entfernt und der nussig schmeckende Kern gegessen.

Maronen-Marzipankonfekt

Zutaten

150 g Marzipan-Rohmasse
75 g Kastanienmus (S. 29)
1 - 2 EL Kastanien-
Likör (S. 36)
Vollmilch-Kuvertüre

Marzipan-Rohmasse, Kastanienmus und Kastanien-Likör mit einer Gabel oder dem Pürierstab vermengen. Mit den Handflächen kleine Kugeln formen. In Kakaopulver wälzen oder mit Kuvertüre überziehen und auf Pergamentpapier trocknen lassen. Kühl lagern.

Tipp

Zwei Sorten erhält man, wenn man unter eine Hälfte der Maronen-Marzipanmasse etwas Kakaopulver und eventuell noch eine Messerspitze Zimt mischt. Auch ohne Kastanien-Likör sehr schmackhaft.

Ma-Cho-Presso

Einen halben Becher heiße Schokolade, einen Espresso und ein Gläschen Kastanien-Likör miteinander vermengen. Nach Geschmack mit Zucker süßen und mit einem Klecks geschlagener Sahne und etwas Kakaopulver servieren.

Zutaten

heiße Schokolade
Espresso
1 Gläschen Kastanien-Likör (S. 36)
Zucker
Sahne
Kakaopulver

Kastanien-Likör

Zutaten

- 300 g gegarte Esskastanien
- 1 Vanilleschote
- 700 ml Wodka
- 300 g brauner Zucker

Kastanien klein schneiden und mit der aufgeschlitzten Vanilleschote, dem Zucker und dem Wodka in eine weithalsige Flasche füllen. 6 – 8 Wochen ruhen lassen. Hin und wieder schütteln. Filtern und in Flaschen abfüllen.

Felsenbirne

Felsenbirne

Amelanchier ovalis
Rosengewächs

Sommergrüner, bis zu 3 m hoher, meist mehrstämmiger Kleinstrauch. Blätter 2 bis 4 cm lang, rundlich bis oval mit gelb-rötlicher Herbstfärbung.

Vorkommen Trockene Gebüsche und Wälder höherer Lagen; beliebter Zierstrauch in Gärten und Parkanlagen. Auf trockenen, kalkarmen Böden. Licht- und wärmeliebend.

Anbau im Garten Attraktives Gehölz aufgrund der hübschen Blüte, der essbaren Früchte und der dekorativen Herbstfärbung. Zur Böschungsbefestigung geeignet. Zahlreiche Kultursorten im Handel erhältlich.

Blüte April bis Mai. Aufrechte Blütentrauben mit kleinen, gelblich-weißen Einzelblüten.

Fruchtreife Juli bis August. Kugelige, rotviolette Frucht, etwa 7 bis 10 mm dick.

Sammelhinweis Früchte. Erinnern in Aussehen und Geschmack an Heidelbeeren. Kurze Erntezeit, da Vögel meist schneller sind.

Süße Verwertung Roh essbar. Früchte können zu Gelee, Marmelade und Mus verarbeitet werden, zu Obstkuchen, Gebäck und Dessert.

Verarbeitungshinweis Früchte gelieren sehr gut, da sie reichlich Pektine (Gelierstoffe) enthalten.

Wichtig Große Mengen sollten nicht roh gegessen werden, da die Kerne geringe Mengen an Blausäure aufweisen; der Verzehr erhitzter Früchte ist dagegen unbedenklich.

Quark mit Felsenbirnen

Quark, Joghurt und Zucker miteinander vermengen. Sahne steif schlagen und unterheben. Mit den Felsenbirnen anrichten.

Zutaten

250 g Felsenbirnenfrüchte
300 g Magerquark
200 g Naturjoghurt
2 – 3 TL Zucker
200 g Sahne

Felsenbirnen-Apfel-Marmelade

Zutaten

1 kg Felsenbirnenfrüchte
Apfelsaft
Gelierzucker (1:2)

Die Früchte waschen, in einen Topf geben und so viel Apfelsaft aufgießen, dass sie knapp bedeckt sind. Etwa 15 Minuten weich kochen und dann durch ein Sieb passieren. Fruchtmasse wiegen und laut Packungsanleitung des Geliermittels weiter verarbeiten. Heiß in saubere Gläser füllen.

Felsenbirnen-Wolkentraum

Zutaten

Felsenbirnenfrüchte
Sahne
1 Kugel Vanille- oder
Eierlikör-Eis

Felsenbirnen waschen und trocken tupfen. Sahne steif schlagen (nicht süßen) und mit den Beeren und dem Eis servieren, zum Beispiel schichtweise in Sektgläsern.

Felsenbirnen-Likör

Zutaten

500 g Felsenbirnenfrüchte
150 g weißer Kandis
1 Vanilleschote
700 ml Doppelkorn

Früchte waschen, gut trocken tupfen und in ein weithalsiges, verschließbares Glas geben. Früchte etwas zerdrücken, Kandis und aufgeschlitzte Vanilleschote zugeben und mit dem Schnaps auffüllen. Glas verschließen und etwa 4 Wochen ruhen lassen. Hin und wieder schütteln. Durch ein Tuch seihen und Flüssigkeit in Flaschen füllen.

Fichte

Fichte

Picea abies
Kieferngewächs

Über 30 m hoch werdender, bei genügend Platz kegelförmig wachsender, immergrüner Nadelbaum. Nadel löst beim Abreißen ein v-förmiges Stück der Rinde ab (nicht wie bei der Tanne mit einer kleinen Scheibe auf dem Ast sitzend).

Vorkommen Natürliche Standorte sind die höheren Lagen der Mittelgebirge; häufig angepflanztes Forst-, Park- und Gartengehölz. Frische, lockere Lehm- und Tonböden.

Anbau im Garten Als Solitärbaum oder in kleinen Gruppen.

Blüte Mai bis Juni. Einhäusig, männliche und weibliche Blütenstände getrennt auf einer Pflanze; männliche Blütenstände zu mehreren aufrecht, weibliche zunächst aufrecht stehend.

Fruchtreife Weiblicher Zapfen nach der Blüte hängend; fällt als Ganzes vom Baum.

Sammelhinweis April bis Mai. Hellgrüne, fruchtig säuerliche Triebspitzen (Maigrün).

Süße Verwertung Das Maigrün kann zu Sirup, Likör und Gelee verarbeitet werden.

Wichtig Maigrüne Fichtentriebe sollten nicht mit den Trieben der giftigen Eibe (s. Foto unten links) verwechselt werden. Fichtennadeln (s. Foto unten rechts) stehen rund um die Triebe herum, Eibennadeln zweizeilig.

Fichtenspitzen-Sirup

Zutaten

- 4 Handvoll maigrüne Fichtentriebe
- 1 l Wasser
- 1 kg Zucker
- 1 Zitrone

Die gewaschenen Fichtentriebe mit Wasser kurz aufkochen und über Nacht ziehen lassen. Am nächsten Tag die Flüssigkeit filtern, Zucker und den ausgepressten Saft der Zitrone hinzufügen und solange im offenen Topf auf kleiner Flamme köcheln lassen, bis eine sirupartige Masse entsteht (etwa 2 - 3 Stunden). Probe wie bei Marmelade! Heißen Sirup in Gläser füllen. Als Brotaufstrich verwendbar, aber auch zum Süßen von Tee, Desserts und Gebäck.

Tipp

Beim Abkühlen wird die Masse dickflüssiger! Sollte der Sirup zu flüssig geworden sein, Masse noch einmal erhitzen und weiter einkochen. Sollte die Masse zu fest geworden sein, etwas Wasser zufügen und noch einmal kurz aufkochen.

Fichtenspitzen-Sirup mit Vanille

Vanilleschote der Länge nach halbieren und in den Sirup legen. Dabei gelegentlich umrühren. Nach einer Woche kann der Sirup als Aufstrich für das Frühstücksbrötchen verwendet werden, wie auch zum Süßen von Tee, Desserts und Gebäck. Vanilleschote spätestens dann aus dem Glas entfernen, wenn sie nicht mehr ganz von Sirup (des im Gebrauch befindlichen Glases) umhüllt wird

Fichtenspitzen-Gelee

Junges Maigrün der Fichte waschen und mit der aufgeschlitzten Vanilleschote in Wasser kurz aufkochen. Im geschlossenen Topf über Nacht ziehen lassen. Flüssigkeit abseihen und mit Gelierzucker und Zitronensaft nach Packungsanleitung zu Gelee einkochen. Heiß in saubere Gläser füllen.

Zutaten

2 Handvoll maigrüne Fichtentriebe
1 l Wasser
1 Vanilleschote
Saft von 1 Zitrone
Gelierzucker

Obstsalat mit Waldaroma

Zutaten

2 Birnen
3 Äpfel
Soße
etwa 2 EL Fichtenspitzen-
Sirup (S. 43)
200 g Sahnejoghurt
2 EL Crème fraîche
50 g geröstete Pinienkerne

Obst waschen und trocken tupfen. Birnen und Äpfel vom Kerngehäuse befreien und die Früchte in Stücke oder Spalten schneiden. Für die Soße Sirup mit dem Joghurt und der Crème fraîche kräftig verrühren. Pinienkerne ohne Fett in einer Pfanne kurz rösten. Soße über das Obst geben und gut vermengen, Pinienkerne über den Obstsalat streuen.

Fichtentraum

Fichtentraum

Ei trennen. Eiweiß zu Schnee schlagen. Eigelb mit 2 EL kalter Milch verrühren. Rest Milch mit Zucker, Vanillepulver und Salz zum Kochen bringen. Topf vom Herd nehmen und Grieß unter Rühren einrieseln lassen. Noch einmal kurz aufkochen lassen. Eigelb unter die heiße Grießmasse rühren, Eischnee vorsichtig unterheben. Grieß warm oder kalt zapfenförmig abstechen und auf Dessertteller anrichten.

Pinienkerne ohne Fett in einer Pfanne rösten. Fichtenspitzen-Sirup über die Grießzapfen träufeln, Pinienkerne ganz oder gehackt darüber streuen.

Zutaten

- 1 Ei
- 1 l Milch
- 1 EL Zucker
- 1 Msp. Vanillepulver
- 1 Prise Salz
- 125 g Grieß
- 2 - 3 EL Fichtenspitzen-Sirup (S. 43)
- etwa 50 g geröstete Pinienkerne

Tannenbäumchen

Zutaten
· ·
350 g Mehl
1 TL Backpulver
100 g Butter
1 Msp. Vanillepulver
125 g brauner Zucker
1 Ei
4 EL Fichtenspitzen-
Sirup (S. 43)
Pinienkerne

Mehl und Backpulver mischen und mit der gewürfelten Butter vermengen. Zucker und Vanillepulver zugeben und unterrühren, dann das verquirlte Ei und den Sirup hinzufügen. Alles gut miteinander durchkneten. Teig ausrollen und Tannenbäumchen ausstechen. Plätzchen auf ein gefettetes Backblech setzen und nach Belieben mit Pinienkernen verzieren. Im vorgeheizten Backofen bei 200°C etwa 10 Minuten backen.

Pinienkekse

Pinienkerne grob hacken. Das Mehl mit Zimt- und Vanillepulver in eine Schüssel sieben. Sirup, Eigelb und Salz mit dem Mehl verrühren.

Zunächst die kalte Butter, dann die Pinienkerne dazugeben und alles rasch verkneten. Zu einer Rolle mit etwa 4 cm Durchmesser rollen.

In Folie eingepackt etwa 1 Stunde im Kühlschrank ruhen lassen.

Dann etwa 0,5 cm dicke Scheiben von der Rolle schneiden, auf ein gefettetes Backblech legen und im vorgeheizten Backofen bei 200°C etwa 10 bis 15 Minuten backen.

Zutaten

250 g Weizenvollkornmehl
etwas Zimt- und Vanillepulver
100 g Fichtenspitzen-Sirup (S. 43)
1 Eigelb
1 Prise Salz
150 g Butter
100 g Pinienkerne

Mischwaldtee

Mischwaldtee

Zutaten

Waldfrüchte-Tee
Fichtenspitzen-Sirup (S. 43)

Einen Früchtetee (z.B. Hagebuttentee) zubereiten und nach Belieben mit Fichtenspitzen-Sirup süßen.

Laubwald trifft Nadelwald – heiß oder auch eiskalt!

Wipfelgeist

Wipfelgeist

Zutaten

2 Handvoll maigrüne
Fichtentriebe
750 ml Doppelkorn
(oder Gin)
150 g weißer Kandiszucker

Maitriebe waschen und gut trocken tupfen, mit Doppelkorn und Kandiszucker in eine Glasflasche geben und verschließen. 4 Wochen an einem sonnigen Platz ruhen lassen. Hin und wieder schütteln. Filtern und noch einige Wochen reifen lassen.

Fichtenspitzen-Likör

Fichtenspitzen waschen, gut trocken tupfen und mit den anderen Zutaten in eine weithalsige Flasche füllen. Ansatz etwa 2 Monate an einem dunklen Ort ruhen lassen. Hin und wieder schütteln. Filtern, eventuell etwas nachsüßen. In Flaschen füllen und noch einige Wochen reifen lassen.

Zutaten

1 Handvoll maigrüne Fichtentriebe
2 EL Fichtenspitzen-Sirup (S. 43)
1 aufgeschlitzte Vanilleschote
700 ml Doppelkorn

Hasel

Hasel

Corylus avellana
Birkengewächs

Sommergrüner, bis 5 m hoch werdender Strauch mit auffallend warziger Rinde. Blätter rundlich bis breit eiförmig, am Grund etwas herzförmig; beiderseits mit weicher Behaarung. Reichlich Wurzelbrut bildend.

Vorkommen Häufiger Strauch unserer Hecken, Wälder und Gebüsche; Zierstrauch in Gärten. Auf nährstoffreichen Böden. Mancherorts sind auch verwilderte Kultursorten anzutreffen.

Anbau im Garten Anspruchsloses Heckengehölz. Ausbreitungsfreudig.

Blüte Februar bis April. Einhäusig, männliche und weibliche Blüten getrennt auf einer Pflanze; wie Knospen aussehende unscheinbare weibliche Blüten mit roten Narben, Anlage der männlichen Kätzchen schon im Herbst des Vorjahres.

Fruchtreife September bis Oktober. Hellbraune bis braune Nuss in becherförmiger Hülle. Meist mehrere beieinander sitzend.

Sammelhinweis Braune Haselnüsse. Reif sind sie dann, wenn sich die Fruchthüllen braun verfärben und die Nüsse fast von allein vom Strauch fallen. Manchmal finden sich angebohrte Nüsse mit Maden des Hasselnussbohrers oder solche, die nach dem Schlüpfen der verpuppten Tiere völlig leer sind.

Süße Verwertung Roh wie geröstet sehr schmackhaft. Als ganze Frucht, gehackt, gerieben oder gemahlen vor allem in Backwaren und Konfekt, für die Herstellung von Desserts, Aufstrichen und Likör.

Verarbeitungshinweis Nüsse in luftdurchlässigen Behältnissen (z.B. Holzkistchen) an einem Ort mit geringer Luftfeuchtigkeit trocknen lassen. Dabei möglichst nicht mehrere Schichten übereinander legen.

Wichtig Haselnüsse können bei manchen Menschen Allergien auslösen.

Haselnuss-Aufstrich

Zutaten

400 g Honig
100 ml Wasser
250 g gemahlene Haselnüsse
50 g geriebene Schokolade
1 Msp. Vanillepulver

Wasser erwärmen und mit den übrigen Zutaten gründlich verrühren. Als Brotaufstrich verwenden.

Obstgratin mit Haselnüssen

Obst waschen, trocken tupfen, vierteln, Kerngehäuse entfernen und die Früchte in dicke Spalten oder Stücke schneiden. Diese in eine Auflaufform schichten und mit Zitronensaft beträufeln. Butter und Honig in einem Topf erwärmen, das Mehl darin unter Rühren andünsten. Crème fraîche, Sahne und Haselnüsse unterrühren. Die Nussmasse auf das Obst verteilen und im vorgeheizten Backofen bei 180°C etwa 30 Minuten backen. Warm servieren. Dazu passt geschlagene Sahne.

Tipp
Auch nur mit Äpfeln sehr schmackhaft!

Zutaten
- 2 Äpfel
- 2 Birnen
- 4 EL Zitronensaft
- 50 g Butter
- 1 EL Honig
- 50 g Mehl
- 100 g Crème fraîche
- 4 EL Sahne
- 100 g grob gehackte Haselnüsse
- Sahne zum Servieren

Haselnuss-Plätzchen

Zutaten

- 200 g Butter
- 200 g Zucker
- 1 Msp. Vanillepulver
- 1 Prise Salz
- 3 Eier
- 300 g Mehl
- 100 g Speisestärke
- 100 g geriebene Haselnüsse
- einige ganze Haselnüsse

Butter, Zucker, Vanillepulver und Salz schaumig schlagen. Nach und nach Eier, Mehl und Stärke einrühren. Mit mehlbestäubten Händen alles zu einem geschmeidigen Teig kneten und 30 Minuten im Kühlschrank ruhen lassen. Auf ein gefettetes Backblech kleine Teighäufchen setzen, jeweils eine ganze Haselnuss in die Häufchen drücken und im vorgeheizten Ofen bei 180°C etwa 15 Minuten goldgelb backen.

Haseltaler

Ei, Zucker, Butter und Vanillepulver schaumig rühren. Haferflocken, Nussmehl und Backpulver untermengen. Mit zwei Teelöffeln kleine Häufchen auf ein mit Backpapier ausgelegtes Backblech geben. Dabei genug Zwischenraum lassen, da der Teig beim Backen auseinanderfließt. Im vorgeheizten Backofen bei 180°C etwa 12 bis 15 Minuten backen. Nach dem Backen sind die Plätzchen zunächst noch sehr weich, werden aber beim Trocknen ganz knusprig. In Dosen aufbewahren.

Zutaten

1 Ei
200 g Zucker
200 g Butter
1 Msp. Vanillepulver
200 g blütenzarte Haferflocken
100 g gemahlene Haselnüsse
1 TL Backpulver
1 Prise Salz

Haselnusskrokant

Zutaten

200 g grob gehackte Haselnüsse
200 g Zucker

Pergamentpapier bereitlegen. Haselnüsse grob hacken und ohne Fett in der Pfanne rösten; nicht schwarz werden lassen. Zucker in einen Topf geben und so lange erhitzen, bis er sich vollständig aufgelöst hat. Die Zuckerlösung dann so lange kochen lassen, bis sie eine goldgelbe Farbe angenommen hat. Nüsse zugeben und so lange kochen lassen, bis die Masse bräunlich (nicht schwarz) geworden ist. Dann die Masse auf das Pergament streichen und abkühlen lassen.

Nusskrokant in Stücke brechen und zum Knabbern servieren oder grob hacken und zum Beispiel über Desserts, Vanilleeis oder Gebäck streuen.

Tipp

Ganze Nüsse rösten, noch warm in ein Küchentuch einschlagen und aneinander reiben, um die braunen Häutchen zu beseitigen. Danach die „sauberen" Nüsse hacken und weiterverarbeiten.

Hasel-Hagebutten-Kugeln

So viel gemahlene Haselnüsse mit Hagebutten-mark oder -Marmelade vermengen, dass sich aus der Masse Kugeln formen lassen. Diese in gemahle-nen Haselnüssen wälzen und in kleine Pralinen-manschetten geben. Kühl aufbewahren.

Mit Hagebuttenmark gefertigtes Konfekt ist weni-ger süß als solches mit Hagebutten-Marmelade.

Zutaten

Hagebuttenmark oder
-Marmelade (S. 131)
gemahlene Haselnüsse

59

Nusslikör

Nüsse mit Weinbrand und Gewürzen in eine weithalsige Flasche geben. Verschließen und auf einer hellen Fensterbank etwa 4 Wochen reifen lassen. Hin und wieder schütteln.

Abseihen. Zucker und Wasser so lange einkochen, bis sich die Kristalle aufgelöst haben. Etwas abkühlen lassen und dem Likör zugeben. Weitere 4 Wochen an einem kühlen Ort reifen lassen.

Zutaten

250 g grob gehackte
Hasel- und Walnüsse
700 ml Weinbrand
1 Stückchen Zimtstange
3 Nelken
1 halbe aufgeschlitzte
Vanilleschote
175 g Zucker
180 ml Wasser

Heidelbeere

Heidelbeere

Vaccinium myrtillus
Heidekrautgewächs

Kleiner, bis 60 cm hoher, reich verzweigter Zwergstrauch. Kantige, grüne Äste. Eiförmige, am Rand fein gezähnte Blättchen; tiefrote Herbstfärbung.

Vorkommen Moore und Moorwälder, Zwergstrauchheiden, Laub- und Nadelwälder. Auf sauren, nährstoffarmen Böden. Halbschattige Standorte.

Anbau im Garten Im Heidekrautbeet. Zahlreiche Kultursorten im Handel erhältlich.

Blüte Mai bis Juli. Etwa 5 mm breite, blassgrün-rosafarbene, glockenförmige Blüten, in den Blattachseln stehend.

Fruchtreife Juli bis September. Bis 8 mm dicke, blauschwarz bereifte, kugelförmige Beere mit rötlichem Fruchtfleisch. Auch Blaubeere oder Bickbeere genannt.

Sammelhinweis Aromatische, süß-säuerliche Früchte, die Schleimhäute des Mundes schwach zusammenziehend. Eine Ernte mit dem „Erntekamm" wird aufgrund der starken Verunreinigung des Sammelgutes und der Schädigung der Pflanzen nicht empfohlen.

Süße Verwertung Roh essbar. Früchte können zu Saft, Gelee, Marmelade und Mus verarbeitet werden. In Gebäck und Torten, in Fruchtsalaten und als Milchshake. Klassiker: Heidelbeer-Pfannkuchen.

Verarbeitungshinweis Früchte sind stark färbend. Früchte gelieren sehr gut, da sie reichlich Pektine (Gelierstoffe) enthalten. Früchte zum Einfrieren gut geeignet.

Wichtig Frisch gegessen wirken Heidelbeeren abführend, getrocknet stopfend.

Die Heidelbeere kann mit der Rauschbeere (Foto rechts) verwechselt werden. Seltene Art in Moorwäldern und Zwergstrauchheiden und vielerorts geschützt. Stängel der Rauschbeere bräunlich, nicht grün. Blätter blaugrün bereift. Beeren größer als die der Heidelbeere mit farblosem Fruchtfleisch; wenig schmackhaft, mit psychoaktiven Inhaltsstoffen.

Heidelbeersoße

Alle Zutaten in einen Kochtopf geben und etwa 10 Minuten köcheln lassen. Durch ein Sieb streichen und abkühlen lassen. Über Quark, Joghurt, Eis oder Vanillepudding.

Tipp
Für eine alkoholfreie Variante statt Rotwein roten Traubensaft oder Apfelsaft verwenden.

Zutaten
250 g Heidelbeeren
100 ml Rotwein
1 bis 2 EL brauner Zucker

Heidelbeer-Marmelade

Heidelbeeren waschen und abtropfen lassen. Die Früchte in einen Topf geben und etwas zerdrücken. Zitronensaft und Gelierzucker der Wahl zugeben und einige Stunden ruhen lassen. Nach Packungsanleitung einkochen und heiß in saubere Gläser füllen.

Zutaten
1 kg gut verlesene Heidelbeeren
Saft von 1 Zitrone
Gelierzucker

Beerenmarmelade

Etwa 1300 g gemischte Wildfrüchte waschen und durch die Flotte Lotte oder ein Sieb passieren. 900 g Fruchtmasse abwiegen und mit dem Gelierzucker zu einer Marmelade einkochen. Heiß in Gläser füllen

Zutaten
900 g Fruchtmus gemischter Wildfrüchte (Heidelbeeren, Brombeeren, Himbeeren, Holunderbeeren)
1 kg Gelierzucker (1:1)

Heidelbeerdessert

Zutaten

Heidelbeeren
Buttermilch
Zimtzucker

Früchte mit Buttermilch als Dessert servieren. Nach Geschmack etwas Zimtzucker darüber streuen.

Tipp
Auch mit Milch, flüssiger oder geschlagener Sahne sehr schmackhaft.

Heidelbeer-Auflauf mit Vanilleeis

Zutaten

500 g Heidelbeeren
2 EL Zucker
2 Eiweiß
50 g Butter
1 Msp. Vanillepulver
100 g Doppelrahm-Frischkäse
75 g Amarettini
1 EL Mandelblättchen
Vanilleeis

Beeren waschen, gut trocken tupfen, mit 2 EL Zucker mischen und in eine gefettete Auflaufform geben. Amarettini in einen Gefrierbeutel geben und mit der Nudelrolle möglichst fein zerstoßen. Amarettinibrösel mit dem Frischkäse vermengen. Eiweiß steif schlagen, unter die Masse heben und über die Heidelbeeren geben.
Im Backofen etwa 30 bis 40 Minuten goldgelb backen. Nach etwa 25 Minuten Mandelblättchen über den Auflauf streuen und weiter backen.
Auflauf warm oder kalt mit Vanilleeis servieren.

Tipp
Schmeckt auch mit Vanillesoße sehr gut.

Heidelbeereis

Zutaten

Heidelbeeren
Zucker
1 Msp. Vanillepulver
Naturjoghurt

Heidelbeeren waschen und in einen Topf geben. So viel Wasser zugeben, dass die Früchte knapp bedeckt sind. Etwa 10 Minuten köcheln lassen und Fruchtmasse durch ein Sieb streichen. Nach Geschmack mit Zucker abschmecken, Vanillepulver zugeben und abkühlen lassen. Etwa den gleichen Mengenanteil Joghurt unterrühren. Masse in eine flache Form mit Deckel geben und einfrieren. Das Heidelbeereis am besten halbgefroren servieren, mit Sahne, Vanillesoße oder Eierlikör.

Tipp

„Eis am Stiel": Heidelbeereis in kleine Joghurtbecher füllen, ins Gefrierfach stellen und nach einer Stunde je einen kleinen Löffel oder ein Holzstielchen in die halbgefrorene Masse stellen. Weiter einfrieren, bis die Masse ganz fest ist. Vor dem Verzehr die Becher kurz unter heißes Wasser halten und das „Eis am Stiel" aus der Form herausziehen.

Heidelbeer-Pfannkuchen

Zutaten

200 g Heidelbeeren
250 ml Milch
2 Eigelb
100 g Mehl
½ TL Salz
2 Eiweiß
Öl
Zucker

Milch, Eigelb, Mehl und Salz verquirlen. Eiweiß steif schlagen und unterheben. Den Teig portionsweise in eine Pfanne in heißes Öl geben, einige Heidelbeeren auf den Teig verteilen und backen. Wenden und auch die andere Seite des Pfannkuchens backen. Mit Zucker bestreuen und anrichten.

Tipp
Aufgerollt schmeckt der Pfannkuchen Kindern besonders gut.

Windbeutel mit Heidelbeersahne

Milch, Butter, Salz und Zucker in einem kleinen Topf zum Kochen bringen. Topf vom Herd nehmen und Mehl auf einmal in die Flüssigkeit rühren und schlagen. Wieder auf den Herd stellen und so lange rühren, bis sich ein Kloß formt und sich der Topfboden weißlich verfärbt. Teig etwas abkühlen lassen. Dann zuerst 1 Ei vollständig unterrühren; nach und nach die anderen Eier einzeln unterschlagen, bis der Teig glänzt.
Mit zwei Teelöffeln kleine Häufchen auf ein gefettetes und mit Mehl bestäubtes Backblech setzen (oder mit einem Spritzbeutel spritzen) und im vorgeheizten Backofen bei 200°C etwa 30 Minuten backen.
Sahne mit dem Sahnesteif steif schlagen. Heidelbeeren waschen, trocken tupfen, pürieren und vorsichtig unter die Sahne heben. Eventuell mit etwas Zucker süßen. Heidelbeersahne in die durchgeschnittenen Windbeutel füllen und diese mit Puderzucker bestäuben.

Tipp
Heidelbeersahne auf selbst gebackenen Waffeln servieren!

Zutaten Brandteig

- 250 ml Milch
- 125 g Butter
- 1 Prise Salz
- 1 TL Zucker
- 200 g Mehl
- 5 - 6 Eier

Zutaten Sahne

- 200 ml Sahne
- 1 Päckchen Sahnesteif
- 100 g Heidelbeeren
- Zucker
- Puderzucker

Heidelbeer-Marzipan-Crumble

Zutaten
· ·
250 g Heidelbeeren
Heidelbeerlikör (S. 70)
Zimtzucker

Zutaten Teig
· ·
75 g Marzipan-Rohmasse
100 g Butter
120 g Mehl
50 g Zucker

Die Heidelbeeren waschen, trocken tupfen und in 4 Auflaufförmchen verteilen. Etwas Likör über die Früchte träufeln und mit Zimtzucker bestreuen.

Marzipan-Rohmasse klein hacken und mit den übrigen Teigzutaten zu einem Krümelteig verkneten. Eventuell mehr Mehl zufügen, damit der Teig schön krümelig wird.

Teig über das Obst verteilen. Im vorgeheizten Backofen bei 180°C etwa 20 Minuten backen. Mit Sahne servieren.

Tipp
Auch ohne Likör sehr schmackhaft.

Heidelbeer-Muffins

Zucker, Eier, Butter, Vanillepulver und Zimt schaumig rühren. Mehl und Backpulver unterrühren, nach und nach die Buttermilch zugeben. Mit einem Löffel die Beeren untermengen, den Teig in Muffin-Papierförmchen füllen und diese in eine Muffinform stellen. Im vorgeheizten Backofen bei 175°C etwa 25 bis 30 Minuten backen (Stricknadelprobe machen). Vor dem Servieren reichlich mit Puderzucker bestreuen.

Tipp
Mit Sahne, Vanillesoße oder Vanilleeis servieren.

Zutaten

300 g Heidelbeeren
(frisch oder tiefgefroren)
250 g Zucker
3 Eier
150 g Butter
1 Msp. Vanillepulver
½ TL Zimt
400 g Mehl
2 gestrichener TL Backpulver
250 ml Buttermilch
Puderzucker

Heidelbeer-Kefirdrink

Zutaten

- 100 g Heidelbeeren
- 100 ml Orangensaft
- 100 ml Kefir
- 2 TL Zucker

Heidelbeeren waschen und mit dem Orangensaft pürieren. Zucker unterrühren und die Flüssigkeit in zwei Gläser füllen. Kalten Kefir angießen und mit einem Strohhalm servieren.

Tipp

Schmeckt auch mit Buttermilch statt Kefir.

Heidelbeerlikör

Zutaten

- 200 g Heidelbeeren
- 100 g weißer Kandis
- 1 Vanilleschote
- 700 ml Doppelkorn
- 1 Gläschen Rum

Beeren waschen und gut trocken tupfen. Mit dem Kandis, der Zimtstange, der längs halbierten Vanilleschote und dem Doppelkorn in eine weithalsige Flasche füllen. Etwa 2 Monate ruhen lassen. Hin und wieder schütteln. Filtern, ein Gläschen Rum dazugießen und in Flaschen füllen.

Himbeere

Himbeere

Rubus idaeus
Rosengewächs

Scheinstrauch mit 1 bis 1,5 m hohen, mit kleinen Stacheln besetzten Trieben. Blüte und Fruchtreife an zweijährigen Trieben, danach sterben diese ab. Blätter gefiedert; Endfieder gestielt; Blattunterseite junger Blätter weißfilzig.

Vorkommen Lichte Wälder, Waldränder und Gebüsche, Staudenfluren. Heller bis halbschattiger Standort. Auf nährstoffreichen Böden.

Anbau im Garten Keine Staunässe vertragend. Ausbreitungsfreudig. Zahlreiche Kultursorten im Handel erhältlich.

Blüte Mai bis Juni. Weißliche Blüten, Blütenblätter kürzer als Kelchblätter.

Fruchtreife Juli bis September. Hellrote Sammelsteinfrucht, bei der sich das Fruchtfleisch während der Reife vom Blütenboden löst.

Sammelhinweis Süße Früchte. Beim Pflücken Stacheln beachten.

Süße Verwertung Roh essbar. Die Früchte können zu Mus, Kompott, Marmelade, Gelee sowie zu Saft, Wein und Likör verarbeitet werden.

Verarbeitungshinweis Himbeeren sehr vorsichtig, wenn möglich überhaupt nicht waschen. Früchte zum Einfrieren gut geeignet.

Himbeerpüree

Himbeeren vorsichtig waschen und durch ein Sieb streichen oder pürieren. Mit Puderzucker süßen und als Soße über Quark, Joghurt, Eis oder auch Obstsalat einsetzen.

Zutaten

250 g Himbeeren
1-2 EL Puderzucker

Heiße Himbeeren

Himbeeren mit Zucker bestreuen, gut vermengen und 1 bis 2 Stunden ziehen lassen. Langsam erhitzen und heiß über Vanilleeis, Vanille- oder Griespudding geben.

Zutaten

250 g Himbeeren
2 EL Zucker

Tipp

Heiße Himbeeren mit einem oder auch zwei Gläschen Himbeer-Likör (S. XX) verfeinern.

Himbeerdessert

Dessert

Zutaten

- 300 g Himbeeren
- 150 g saure Sahne
- 250 g Magerquark
- etwas Sahne
- Zucker
- brauner Zucker

Saure Sahne mit dem Magerquark und so viel Sahne verrühren, dass eine cremige Masse entsteht. Nach Geschmack mit Zucker süßen. Himbeeren in eine Schüssel füllen, Quarkmasse darüber geben und mit braunem Zucker bestreuen.

Tipp
Schichtweise in Gläser gefüllt, isst auch das Auge mit.

Himbeeren mit Mascarpone

Zutaten

- Himbeeren
- 250 g Mascarpone
- 250 g Naturjoghurt
- 1 Msp. Vanillepulver

Mascarpone mit Joghurt und Vanillepulver vermengen und über die Himbeeren gießen.

Himbeer-Muffins

Zucker, Eier, Butter und Vanillepulver schaumig rühren. Mehl mit Backpulver vermengen und unterrühren, wie auch nach und nach die Buttermilch. Mit einem Löffel die Beeren unterheben. Papiermanschetten in eine Muffinform legen, Teig einfüllen und im vorgeheizten Backofen bei 175°C etwa 25 bis 30 Minuten backen. Vor dem Servieren reichlich mit Puderzucker bestreuen und mit Sahne servieren.

Zutaten

300 g Himbeeren
250 g Zucker
3 Eier
150 g Butter
1 Msp. Vanillepulver
400 g Mehl
2 gestrichene TL Backpulver
250 ml Buttermilch
Puderzucker

Beeren-Hefetaschen

Zutaten Füllung

etwa 500 g Beeren
(Himbeeren, Brombeeren,
Heidelbeeren...)
3 - 4 EL Zucker
Eigelb zum Bepinseln

Zutaten Teig

1 Würfel Hefe
300 ml warme Milch
500 g Mehl
1 Ei
50 g Butter
50 g Zucker
1 Prise Salz

Beeren miteinander vermengen und etwa 1 bis 2 Stunden vor der Verarbeitung zuckern.

Die Hefe zerbröseln und in der lauwarmen Milch auflösen. Die übrigen Hefeteigzutaten hinzufügen und alles gut miteinander verkneten. Der Teig darf nicht mehr kleben, bei Bedarf noch etwas Mehl zufügen. Den Teig mit einem Tuch abdecken und etwa 20 Minuten an einem warmen Ort ruhen lassen.

Den Hefeteig nach der Ruhezeit gut durchkneten, ausrollen und mit einem immer wieder in Mehl getauchten Tassenrand Kreise ausstechen. 1 TL gezuckerte Beeren auf jeden Kreis geben, Kreis zu halbmondförmiger Tasche zusammenlegen und den Rand mit einer Gabel zusammendrücken.

Teigtaschen auf ein mit Backpapier ausgelegtes Backblech legen, weitere 20 Minuten ruhen lassen, mit Eigelb bepinseln und dann im vorgeheizten Backofen bei 200°C etwa 15 Minuten goldbraun backen.

Himbeer-Milchshake

Himbeeren, Milch, Joghurt und Vanillepulver mit dem Mixer vermengen; eventuell noch etwas Milch zufügen. Nach Geschmack mit Zucker süßen und eiskalt servieren.

Tipp
Milch und Naturjoghurt durch 500 ml Buttermilch ersetzen. Köstlich!

Zutaten
. . . .
200 g Himbeeren
400 ml Milch
100 ml Naturjoghurt
1 Msp. Vanillepulver
Zucker

Himbeerlikör

Zutaten

300 g gut verlesene Himbeeren
150 g weißer Kandis
1 Vanilleschote
700 ml Wodka

Himbeeren, Kandis und aufgeschlitzte Vanille-schote in eine weithalsige Flasche geben und mit Wodka auffüllen. Flasche verschließen und 4 Wochen ruhen lassen. Hin und wieder schütteln. Filtern und in Flaschen füllen.

Tipp
Statt Wodka kann alternativ auch Weinbrand ver-wendet werden.

Holunder

Holunder

Sambucus nigra
Geißblattgewächs

Bis 8 m hoher, breit ausladender, sommergrüner Strauch oder kleiner Baum mit rissiger, warzenbedeckter Rinde. Zweige mit weißem Mark; Blätter unpaarig gefiedert, gegenständig, das heißt, dass sich jeweils 2 Blätter unmittelbar gegenübersitzen.

Vorkommen Laubwälder, Hecken und Gebüsche, oft in der Nähe von Siedlungen. Auf frischen, nährstoffreichen Böden.

Anbau im Garten Anspruchsloses Hecken- oder Solitärgehölz. Sehr ausbreitungsfreudig; zur Böschungsbefestigung geeignet.

Blüte Mai bis Juni. Bis über 20 cm breite Doldenrispen mit kleinen cremeweißen, intensiv duftenden Blüten.

Fruchtreife August bis September. Saftige, schwarze Steinfrucht.

Sammelhinweis Intensiv duftende Blüten und reife herb-aromatische Früchte. Die Blütenstände werden in der Mittagssonne gepflückt.

Süße Verwertung Blüten essbar; vor allem jedoch zum Aromatisieren von Süßspeisen und Getränken, wie Gelee, Marmelade, Limonade, Sirup oder Sekt und Bowle einsetzbar. Klassiker: Holunderblüten in Bierteig ausgebacken. Beeren roh nicht genießbar, da giftig. Aus den saftigen Früchten kann Saft, Wein, Likör, Sirup und die klassische Fliederbeersuppe hergestellt werden.

Verarbeitungshinweis Die Blütenstände werden ungewaschen verarbeitet. Die Beeren färben stark. Beeren mit einer Gabel von den Rispenstängeln streifen. Zur Saftherstellung werden nur die großen Rispenstielchen abgeschnitten.

Wichtig Ganze Pflanze, außer Blüten und reifes Fruchtfleisch aufgrund von Blausäure-Glycosiden giftig. Unreife Früchte sollten nicht geerntet werden. Reife Früchte sind roh unbekömmlich und können Übelkeit, Durchfall und Erbrechen hervorrufen; sie sollten daher nur gekocht verarbeitet werden.

Hollerblüten-Sirup

Zucker und Zitronensäure in 2 l Wasser gut auflösen. Die Holunderblütendolden hineinlegen und mit Zitronenscheiben bedecken. 3 – 4 Tage ziehen lassen und dabei hin und wieder umrühren. Durch ein Sieb seihen. Flüssigkeit auf 80°C erhitzen und in Flaschen abfüllen. Angebrochene Flaschen sollten im Kühlschrank aufgehoben werden. Mit Mineralwasser aufgegossen ergibt der Sirup ein köstliches, erfrischendes Getränk.

Tipp
Mit Sekt aufgegossener Hollerblüten-Sirup ist unter dem Namen „Hugo" (Hollersekt, S. 96) weithin bekannt.

Zutaten

12 große Blütendolden vom Schwarzen Holunder
2 l Wasser
2 kg weißer Zucker
70 g Zitronensäure
2 unbehandelte Zitronen

Hollerblüten-Zuckerguss

Puderzucker in eine Schüssel sieben und nach
und nach so viel Sirup zugeben, bis ein dickflüssiger Zuckerguss entsteht.
Zum Bestreichen von Kuchen und Plätzchen
geeignet.

Holler-Erdbeer-Eiswürfel

Erdbeeren und Sirup pürieren und in Eiswürfelschalen geben. Ins Gefrierfach stellen und als Eiswürfel zu Sekt oder Mineralwasser servieren. Zwei herrlich erfrischende Sommergetränke, mit und ohne Alkohol.

Zutaten
· · · · · · · · · · · · · ·
4 EL Hollerblüten-Sirup (S. 81)
150 g gewaschene und geputzte Erdbeeren

Holunderbeeren-Saft

Zutaten

Holunderbeeren
Wasser
Zucker (etwa 500 g pro l Saft)

Holunderbeeren waschen und die groben Rispenstielchen abschneiden. Die Beeren in einen Topf geben, etwas Wasser zugeben (etwa 1 cm hoch) und die Beeren etwa 15 Minuten weich kochen. Ein Sieb mit einem alten Küchentuch auslegen. Fruchtmasse hineingeben und Saft ablaufen lassen. Tuch gut ausdrücken. Saft abmessen und entsprechend Zucker zugeben. Flüssigkeit aufkochen, bis sich der Zucker gelöst hat und heiß in saubere Flaschen füllen. Dunkel und kühl aufbewahren.
Der Saft eignet sich zur Herstellung von Desserts, Gelee oder Likören.

Tipp
Die gewaschenen Holunderbeeren in einen Entsafter geben.

Holunderblüten-Gelee

Zutaten

7 Holunderblütendolden
700 ml Apfelsaft (bzw.
Orangen- oder Birnensaft)
1 Zitrone
Gelierzucker

Die Blütendolden über Nacht im Apfelsaft ziehen lassen. Danach die Flüssigkeit durch ein Tuch seihen, den ausgepressten Saft der Zitrone zugeben und mit einem Geliermittel der Wahl nach Packungsanleitung zu Gelee einkochen. Heiß in saubere Gläser füllen.

Holunderbeeren-Marmelade

Zutaten

600 g Holunderbeeren
400 g geschälte Äpfel
1 Zitrone
Gelierzucker

Holunderbeeren waschen und von den Stielchen streifen, abwiegen. Äpfel waschen, schälen und Kerngehäuse herausschneiden. Klein schneiden, abwiegen und mit den Holunderbeeren einige Minuten weich kochen. Durch ein Sieb passieren. Mit dem Saft der Zitrone vermengen und nach Packungsanleitung des Geliermittels einkochen. Heiß in saubere Gläser füllen..

Tipp
Nach Belieben ½ TL gemahlenen Zimt und 1 Msp. Nelkenpulver zugeben.

Holler-Erdbeer-Marmelade

Zutaten

100 ml Hollerblüten-
Sirup (S. 81)
900 g Erdbeeren
Gelierzucker

Gewaschene und geputzte Erdbeeren etwas klein
schneiden und mit dem Sirup und dem Gelierzucker in einen Topf geben. Mindestens 1 Stunde
ruhen lassen und dann zu Marmelade einkochen.

Holler-Erdbeer-

Marmelade

Hollerblüten-Kücherl

Mehl, Wasser, Eigelb und Salz zu einem geschmeidigen Teig verrühren. Eiweiß steif schlagen und unter den Teig heben. Blütendolden in den Teig tauchen und in heißem Öl von einer Seite ausbacken. Die groben Stiele mit einer Schere abschneiden, die Kücherl wenden und von der anderen Seite goldgelb backen. Mit Vanillezucker bestreut anrichten.

Zutaten

- 8 - 12 Holunderblütendolden
- 8 EL Mehl
- 12 EL Wasser
- 2 Eigelb
- 1 Prise Salz
- 2 Eiweiß
- Öl
- Vanillezucker

Tipp
Alternativ Blütendolden in Bierteig ausbacken.

Holler-Erdbeer-Milchspeise

Zutaten

Hollerblüten-Sirup (S. 81)
Quark
Naturjoghurt
frische Erdbeeren

Quark und Joghurt zu jeweils gleichen Teilen miteinander verrühren. Nach Geschmack mit Hollerblüten-Sirup süßen und mit frischen Erdbeeren servieren.

Fliederbeersuppe

Zutaten

750 ml Holunderbeeren-Saft (S. 84)
250 ml Apfelsaft
4 bis 5 EL Zucker
1 Stange Zimt
Saft von 1 Zitrone
2 EL Speisestärke

Holunderbeeren-Saft mit Apfelsaft, Zimtstange und Zitronensaft aufkochen und mit Zucker abschmecken. Die Stärke mit etwas Wasser anrühren und unter die Suppe geben, einmal aufkochen lassen. Mit Grießklößchen oder Hefegebäck reichen. An heißen Tagen eiskalt servieren.

Holler-Granita

Sekt und Sirup vermengen und in eine flache Form gießen. Diese ins Kühlfach stellen. Nach etwa 1 Stunde mit einem Löffel das Eis, welches sich am Rand angesetzt hat, gründlich mit der noch ungefrorenen Flüssigkeit vermengen. Diesen Vorgang noch zwei- bis dreimal stündlich wiederholen, bis alles gut gefroren ist. Das Halbgefrorene in schöne Gläser füllen und mit einem Blatt Minze und zum Beispiel einer Erdbeere servieren. Für heiße Sommertage!

Zutaten
·····························
70 ml Hollerblüten-Sirup (S. 81)
700 ml Sekt

Tipp
Statt Sekt Orangensaft verwenden.

Holunder-Quarkspeise

Zutaten

Hollerblüten-Sirup (S. 81)
Holunderbeeren-Marmelade
(S. 85)
250 g Quark
etwas Milch

Quark mit etwas Milch cremig schlagen. Die Hälfte der Quarkmasse mit Hollerblüten-Sirup nach Geschmack süßen, die andere Hälfte mit Hollergelee nach Geschmack kräftig verrühren. Schichtweise in Gläser füllen und mit einem Klecks Holunderbeeren-Marmelade verzieren.

Holunder-Brombeerkompott

Holunderbeeren waschen und von den Stielen abstreifen. Brombeeren waschen. Die Äpfel schälen, das Kerngehäuse ausschneiden und das Fruchtfleisch in feine Spalten oder Stückchen schneiden. Zusammen mit den Beeren und dem Zitronensaft in einen großen Topf geben, mit Zimt bestreuen, süßen und die ungespritzte Zitronenschale hineinlegen. Etwa 10 bis 15 Minuten köcheln lassen. Lauwarm oder kalt mit geschlagener Sahne servieren.

Zutaten

250 g Holunderbeeren
250 g Brombeeren
3 mittelgroße Äpfel
etwas Süßmittel
(1 – 2 EL Zucker, Honig oder Hollerblüten-Sirup, S. 81)
1 Msp. Zimt
Saft von ½ Zitrone
150 ml Wasser oder Weißwein
Sahne

Tipp

Nach Bedarf oder Belieben die Fruchtmasse etwas andicken, zum Beispiel mit Speisestärke.

Holler-Erdbeertorte

Zutaten Teig

2 Eigelb
2 – 3 EL warmes Wasser
100 g Zucker
125 g Mehl
1 gute Msp. Backpulver

Zutaten Belag

250 g Erdbeeren
150 ml Hollerblüten-
Sirup (S. 81)
200 ml Naturjoghurt
Saft von ½ Zitrone
1 Piccolo-Sekt
1 Becher Sahne
1 Msp. Vanillepulver
2 Päck. gemahlene Gelatine

Für den Biskuitboden Eigelb mit Wasser und Zucker zu cremiger Masse schlagen. Eiweiß steif schlagen und vorsichtig unter die Ei-Zucker-Masse heben. Gesiebtes Mehl und Backpulver unterheben. Masse in eine mit Backpapier ausgelegte Springform geben und im vorgeheizten Backofen bei 175 °C etwa 15 bis 20 Minuten backen.

Für den Belag Erdbeeren pürieren, Sirup, Joghurt, Sekt, Zitronensaft und Vanillepulver zugeben und vermengen. Sahne steif schlagen und unterheben. Gelatine nach Packungsanleitung zubereiten und unter die Masse rühren.

Gebackenen Biskuitboden in der Springform belassen und Masse einfüllen (oder Boden mit fest schließendem Tortenring versehen, da die Masse recht flüssig ist). Etwa 12 Stunden im Kühlschrank kalt stellen und servieren.

Tipp
Statt Sekt Apfel- oder weißen Traubensaft verwenden.

Hollertorte

Eier, Zucker, Vanillepulver und Salz schaumig
schlagen. Mehl mit Backpulver vermengen und
vorsichtig unterheben. Springform mit Backpapier
auslegen, Teig einfüllen und etwa 35 Minuten bei
200°C backen. Boden aus der Form nehmen und
auskühlen lassen.
Boden mit einem Tortenring versehen und mit
Gelee bestreichen. Mascarpone mit Puderzucker cremig schlagen. Sahne mit Sahnesteif steif
schlagen, mit dem Sirup unter die Creme rühren
und vorsichtig auf das Gelee verteilen. Aus den
restlichen Zutaten einen dunkelroten Tortenguss
herstellen und über die Creme verteilen. Die Torte
einige Stunden kalt stellen.

Zutaten Teig
3 Eier
150 g Zucker
1 Msp. Vanillepulver
1 Prise Salz
150 g Mehl
1 Msp. Backpulver

Zutaten Belag
Holunderblüten-Gelee (S. 85)
400 g Mascarpone
100 g Puderzucker
250 ml Schlagsahne
1 Päckchen Sahnesteif
2 EL Hollerblüten-Sirup (S. 81)
Holunderbeeren-Saft (S. 84)
1 Päckchen roter Tortenguss
Zucker

Hollerpops

Zutaten

Hollerblüten-Sirup (S. 81)
Kuchenreste
Frischkäse
Dunkle oder weiße Kuvertüre
oder Schokolade

Kuchenreste (Sandkuchen) zerkrümeln; Frischkäse mit etwas Sirup vermengen und so viel davon unter die Krümel mischen, dass eine formbare Masse entsteht. Kleine Kugeln formen und auf Holzspießchen stecken. Eine halbe Stunde in den Kühlschrank legen und dann in geschmolzene Kuvertüre tauchen oder geschmolzene Schokolade mit einem Pinsel aufstreichen. Kugeln trocknen lassen und genießen.

Hollerblütenmilch

Zutaten

1 Holunderblütendolde
200 ml Milch
1 Msp. Vanillepulver
1 TL Honig oder Zucker

1 ungewaschene Holunderblütendolde und Vanillepulver in einen Kaffeebecher geben und mit heißer Milch übergießen. Etwa 10 Minuten ziehen lassen. Abkühlen lassen, süßen und eiskalt servieren.

Tipp
Vor dem Servieren einen Schuss Weinbrand zugeben.

Milchshake
mit Hollerblüten-Sirup

Zutaten

1 EL Hollerblüten-Sirup (S. 81)
100 ml Milch
2 EL Schlagsahne
1 Kugel Zitroneneis
Minzblättchen

Milch und Sirup vermengen, Sahne schlagen und unterheben. Flüssigkeit in ein Glas füllen und eine Eiskugel zugeben. Mit Minzblättchen garnieren und mit einem Strohhalm und einem Cocktaillöffel servieren. Lecker und erfrischend.

Erdbeer-Holler-Milchshake

Einige Erdbeeren und Minzblättchen in ein Glas geben und mit dem Pürierstab pürieren. Mit Milch aufgießen und nach Geschmack mit Hollerblüten-Sirup süßen. Eiskalt servieren.

Zutaten

Hollerblüten-Sirup (S. 81)
Milch
Erdbeeren
Minzblättchen

Holunderbeeren-Buttermilch

Zutaten

50 ml Holunderbeeren-
Saft (S. 84)
150 ml Buttermilch
etwas Zucker (oder Hollerblüten-Sirup, S. 81)

Einen guten Schuss Holun-
derbeeren-Saft in ein Glas
Buttermilch geben, nach Geschmack mit Zucker süßen und
kalt servieren.

Hollersekt (Hugo)

Zutaten

Hollerblüten-Sirup (S. 81)
gut gekühlter Sekt
Minzblättchen

Einen Schuss Hollerblüten-
Sirup in ein Sektglas geben
und mit Sekt aufgießen. Mit
Minzblättchen servieren.
Ein köstliches, erfrischendes Getränk für warme Sommerabende;
auch als Aperitif einsetzbar.

Tipp

Mit in Scheiben geschnittenen
oder geviertelten frischen Erdbeeren servieren.

Hollerblüten-Likör

Z itronensäure gut im Wasser auflösen und die
Blütendolden einlegen. 24 Stunden ziehen
lassen und dann durch ein Küchentuch seihen.
Die aufgefangene Flüssigkeit mit dem Zucker und
dem Doppelkorn gut verrühren und schon ist der
köstliche Likör zum Verzehr geeignet. Angebrochene Flaschen sollten im Kühlschrank aufgehoben
werden.

Zutaten

etwa 20 Holunder-
blütendolden
2 l Wasser
250 g Zitronensäure
1,5 l Doppelkorn
750 g Zucker

Schnelle Hollerblüten-Bowle

Z itrone in Scheiben schneiden. Hollerblüten-
Sirup mit dem Wein und den Zitronenscheiben
in eine Schüssel geben. Kurz vor dem Servieren
Mineralwasser oder Sekt aufgießen.

Zutaten

etwa 150 ml Hollerblüten-
Sirup (S. 81)
1 unbehandelte Zitrone
700 ml gut gekühlter
Weißwein
1 l gut gekühltes
Mineralwasser oder Sekt

Tipp

Zur Zeit der Holunderblüte statt Hollerblüten-
Sirup Holunderblütendolden verwenden und einige
Stunden im Wein ziehen lassen.
Sehr schmackhaft ist die Bowle mit Erdbeeren, die
man 1 bis 2 Stunden vor dem Anrichten im Wein-
Sirup-Zitronengemisch ziehen lässt.
Alkoholfreie Variante mit weißem Traubensaft,
Mineralwasser oder alkoholfreiem Sekt.

Holunderbeeren-Likör

Zutaten

• • • • • • • • • • • • • • • • •

1 l ungesüßten Holunder-
beeren-Saft (S. 84)
600 g weißer Kandis
1 aufgeschlitzte und
ausgekratzte Vanilleschote
Saft von 1 Zitrone
700 ml weißer Rum

Holunderbeeren-Saft mit Zucker, dem ausgekratzten Vanillemark, wie auch der ausgekratzten Schote so lange erhitzen, bis sich der Kandis gelöst hat. Flüssigkeit abkühlen lassen, filtern und den Rum sowie den Zitronensaft zugießen. In schöne Flaschen füllen. Die Köstlichkeit kann sofort serviert werden.

Holunderbeeren-Rotweinlikör

Zutaten
. . . .
200 ml ungesüßten Holunderbeeren-Saft (S. 84)
1 Vanilleschote
4 EL Zucker
500 ml Rotwein
200 ml Wodka

Das Vanillemark aus der aufgeschlitzten Stange herauskratzen und mit dem Holunderbeeren-Saft und dem Zucker in einen Topf geben; ausgekratzte Vanilleschote ebenfalls dazugeben. Flüssigkeit kurz aufkochen und dann abkühlen lassen. Den abgekühlten Sud filtern und mit Rotwein und Wodka in Glasflaschen füllen. Der Likör kann sofort serviert werden.

Holunderbeeren-Glühwein

Zutaten

Holunderbeeren-Saft (S. 84)
Rotwein
Stück Zimtstange
1-2 Nelken
1 Msp. Vanillepulver
Honig

Holunderbeeren-Saft und Rotwein zu gleichen Teilen mit einem Stückchen Zimtstange, Nelken und Vanillepulver erhitzen. Nach Geschmack mit Honig süßen.

Tipp
Rotwein durch Roten Traubensaft oder Apfelsaft ersetzen.

Kornelkirsche

Kornelkirsche

Cornus mas
Hartriegelgewächs

Reich verzweigter, bis 5 m hoher, sommergrüner Strauch oder kleiner Baum. Blätter gegenständig, mit eiförmigen bis elliptischen Blättern, bei denen sich die Blattadern zu den Blattspitzen krümmen; bunte Herbstfärbung. Auch Gelber Hartriegel oder Herlitze genannt.

Vorkommen Trockene Wälder und Steinbrüche Mittel- und Süddeutschlands; beliebter Zierstrauch in Gärten und Parkanlagen. Bevorzugt kalkhaltige Böden.

Anbau im Garten Hecken- oder Solitärgehölz. Bereicherung für jeden Garten durch auffällige Blütenstände, schmackhafte Früchte, bunte Herbstfärbung. Gute Schnittverträglichkeit.

Blüte Februar bis April. Kugelförmige Blütenstände aus kleinen gelben Blüten mit jeweils 4 Blütenblättern, vor dem Laub erscheinend.

Fruchtreife August bis September. Dunkelrote, elliptische Frucht, an eine Kirsche erinnernd; Kern ähnelt einem Getreidekorn. Auch Kornelle oder Dirndl genannt.

Sammelhinweis Vollreife, süßsaure Früchte. Sie sind am schmackhaftesten, wenn sie fast alleine vom Ast fallen. Gehölz schütteln und Früchte auf einem darunter ausgebreiteten Tuch auffangen.

Süße Verwertung Roh essbar. Zur Herstellung von Marmelade, Gelee, Saft, Likör oder Wein.

Verarbeitungshinweis Das Entkernen der Früchte ist nicht ganz einfach. Daher ganze Früchte weich kochen und für die Zubereitung von Gelee Saft durch ein Tuch abseihen, für die Zubereitung von Marmelade Fruchtmark durch ein Sieb passieren.

Kornelkirschen-Marmelade

K ornelkirschen waschen und in einen Topf geben. So viel Apfelsaft aufgießen, dass die Früchte knapp bedeckt sind. Etwa 20 Minuten weich kochen. Noch heiß durch ein Sieb passieren. Saft einer Zitrone und Vanillepulver untermengen. Die Fruchtmasse abwiegen und mit Gelierzucker nach Packungsanleitung einkochen. Heiß in saubere Gläser füllen.

Zutaten

etwa 1 kg Kornelkirschen
1 l Apfelsaft
1 Zitrone
1 Msp. Vanillepulver
Gelierzucker

Kornelkirschen-Gelee

K ornelkirschen waschen und in einen Topf geben. So viel Wasser aufgießen, dass die Früchte bedeckt sind. Etwa 20 Minuten weich kochen und dann die Flüssigkeit durch ein Tuch seihen. Saft einer Zitrone zugeben und mit Gelierzucker nach Packungsanleitung zu Gelee einkochen. Heiß in saubere Gläser füllen.

Zutaten

1 kg Kornelkirschen
1 Zitrone
Gelierzucker

Tipp
Früchte mit Weißwein und einer aufgeschlitzten Vanilleschote weich kochen.

Süße Pfannkuchen-türmchen

Zutaten

Kornelkirschen-
Marmelade (S. 103)
Puderzucker

Zutaten Teig

400 ml Milch
4 Eier
200 g Mehl
1 Msp. Vanillepulver
1 Prise Salz
Sonnenblumenöl

Zutaten Pudding

1 Päckchen Vanille-
puddingpulver
500 ml Milch

Milch und Eier verquirlen; Mehl, Vanillepulver und Salz zugeben und gut vermengen. Teigmasse 30 Minuten quellen lassen. In Sonnenblumenöl 4 Pfannkuchen ausbacken und auf einem Kuchengitter auskühlen lassen. Vanillepudding nach Packungsanleitung kochen.

Aus den Pfannkuchen mit einem Glas runde Küchlein ausstechen. Ein Drittel der Küchlein mit Marmelade bestreichen, ein Drittel der Küchlein auflegen und diese dann dick mit Vanillepudding bestreichen. Auf diese die übrigen Küchlein schichten. Mit einem Klecks Marmelade verzieren und mit Puderzucker bestreut zum Nachtisch reichen.

Kornellenkonfekt

Die Amarettini in eine Schüssel geben und zum Beispiel mit dem Boden eines Glases zu Bröseln zerstampfen. Schokolade im Wasserbad langsam schmelzen lassen. Marzipan-Rohmasse in kleine Stücke schneiden und mit dem Likör in die warme Schokoladenmasse einrühren, dann Amarettinibrösel dazugeben. Alles miteinander schnell zu einem Teig kneten, kleine Kugeln formen und diese in weitere sehr fein zerbröselte und durch ein Sieb geriebene Amarettini wälzen. In Pralinenmanschetten legen.

Tipp
Auch ohne Marzipan sehr schmackhaft.

Zutaten
. . . .
2 EL Kornelkirschen-
Likör (S. 107)
100 g Zartbitterschokolade
50 g Marzipan-Rohmasse
50 g Amarettini
einige sehr fein geriebene
Amarettini zum Wälzen

Kornellenkugeln

So viel gemahlene Mandeln mit Marmelade und ein wenig Likör vermengen, dass sich aus der Masse Kugeln formen lassen. Diese in gemahlenen Mandeln wälzen und in kleine Pralinenmanschetten legen. Kühl aufbewahren.

Husarenkrapfen

Zutaten zu einem Mürbeteig kneten und für
etwa 2 Stunden im Kühlschrank ruhen lassen.
Aus dem Teig eine Rolle formen. Gleich große
Stücke davon abschneiden und zu kleinen Kugeln
formen. Diese auf ein gefettetes Bachblech setzen.
In jede Kugel mit einem mit Mehl bestäubten
Holzlöffelstiel ein Loch drücken und vorsichtig
etwas Kornelkirschen-Gelee oder –Marmelade
einfüllen.
Im vorgeheizten Backofen bei 175 °C etwa
20 Minuten goldbraun backen. Nach dem Erkalten
mit Puderzucker bestäuben.

Zutaten
Kornelkirschen-Gelee
oder -Marmelade (S. 103)

Zutaten Teig

250 g Mehl
150 g Butter
80 g Zucker
1 Msp. Vanillepulver
2 Eigelb

Kornelkirschen-Likör

Kornelkirschen waschen, gut abtropfen lassen
und mit den übrigen Zutaten in eine weithalsige Flasche geben. Evtl. Kirschen ein wenig
quetschen. 2 Monate ruhen lassen. Hin und wieder
schütteln. Flüssigkeit filtern und in Flaschen füllen.

Zutaten

350 g Kornelkirschen
150 g brauner Kandis
1 aufgeschlitzte Vanilleschote
700 ml Doppelkorn

Tipp
Nach Geschmack ein kleines Stückchen Zimtstange
beifügen.

Kornelkirschen-Wein

Zutaten

- 150 g Kornelkirschen
- 150 g weißer Kandis
- 1 l Rosewein
- 1 Msp. Vanillepulver

Die Kornelkirschen waschen, trocken tupfen und in ein weithalsiges, verschließbares Gefäß geben. Früchte zum Beispiel mit einer Kelle quetschen. Übrige Zutaten zufügen, Gefäß verschließen und 8 Tage ruhen lassen. Hin und wieder schütteln. Filtern und in schöne Flaschen füllen. Sehr schmackhaft und erfrischend! Den Wein im Kühlschrank aufbewahren; er ist nicht lange haltbar.

Lärche

Lärche

Larix decidua
Kieferngewächs

Bis 40 m hoher Nadelbaum, mit hellgrünen Nadeln an Kurztrieben, die an rutenförmigen Zweigen sitzen. Leuchtend gelbe Herbstfärbung und Abwurf der Nadeln.

Vorkommen Misch- und Nadelwälder; ursprünglich bei uns nur im Süden Bayerns vorkommend, aber vielerorts als Forstbaum gepflanzt. Lichtliebend.

Anbau im Garten In großen Gärten als Solitärbaum. Schöne Herbstfärbung. Abfall der Nadeln bewirkt dicke Rohhumusschicht unter dem Gehölz.

Blüte März bis Mai. Einhäusig, männliche gelbe und weibliche rötliche Blüten getrennt auf einer Pflanze.

Fruchtreife Oktober bis November. Eiförmiger Zapfen.

Sammelhinweis März bis Mai. Rötliche, weibliche Blütenzapfen mit harzigem Geschmack.

Süße Verwertung Zur Herstellung von Likör.

Verarbeitungshinweis Blütenzapfen möglichst ungewaschen verarbeiten.

Lärchenjubel

Lärchenzapfen an einem möglichst unbelasteten Ort sammeln und ungewaschen in eine weithalsige Flasche füllen. Restliche Zutaten zugeben und Flasche verschließen. Ansatz etwa 8 Wochen ruhen lassen. Hin und wieder schütteln. Filtern und in schöne Flaschen füllen.

Zutaten

700 ml Doppelkorn
etwa 25 junge, rote Lärchenzapfen
100 g weißer Kandis

Linden

Linden

Tilia
Lindengewächse

Bei uns heimische Lindenarten sind die Sommer- *(Tilia platyphyllos)* und die Winterlinde *(Tilia cordata)*, die sich sehr ähneln. 10 bis 25 m hohe Laubbäume, die mehrere 100 Jahre alt werden können. Herzförmige Silhouette und herzförmige Blätter. Winterlinde auf der Blattunterseite in den Nervenwinkeln mit bräunlich-roten Haarbüscheln, Sommerlinde mit hellen. Die Sommerlinde blüht etwa 14 Tage vor der Winterlinde.

Vorkommen Laub- und Mischwälder; traditioneller Dorf- und Hofbaum. Auf tiefgründigen Böden.

Anbau im Garten In parkartigen Gärten als Solitärbaum.

Blüte Juni bis Juli. Hängende Doldentraube mit blattartig verbreitertem Stiel und cremeweißen kleinen Blüten.

Fruchtreife September. Rundliches Nüsschen, welches mit anderen an einem verbreiterten Blattstiel sitzt, mit dem der Fruchtstand propellerartig zu Boden fliegt.

Sammelhinweis Intensiv nach Honig duftende Blüten einschließlich des verbreiterten Blattstieles werden in der Mittagssonne gepflückt.

Süße Verwertung Blüten zum Aromatisieren von Getränken, Desserts oder zur Herstellung von Sirup.

Verarbeitungshinweis Blüten ungewaschen verarbeiten.

Lindenblüten-Zucker

Zutaten

2 Volumenteile Lindenblüten
1 Volumenteil Zucker

Zucker und Blüten mit dem Mixstab zerkleinern und das Gemenge etwa 2 bis 3 cm hoch in eine feuerfeste Schale füllen. Im Backofen bei 50°C trocknen (Holzlöffel in Backofentür klemmen, damit die Feuchtigkeit entweichen kann). Getränke und Desserts erhalten mit diesem Zucker ein interessantes Aroma.

Lindenblüten-Sirup

Zutaten

8 – 10 Handvoll ungewaschene Lindenblüten
2 kg weißer Zucker
70 g Zitronensäure
2 unbehandelte Zitronen

Zucker und Zitronensäure in 2 l Wasser gut auflösen. Lindenblüten hineingeben und mit Zitronenscheiben abdecken. 3 – 4 Tage ziehen lassen, ab und zu umrühren. Durch ein Sieb seihen, Flüssigkeit auf 80°C erhitzen und in Flaschen abfüllen. Angebrochene Flaschen sollten im Kühlschrank aufgehoben werden.
Zum Süßen von Tee und Desserts wie auch zum Aromatisieren von Getränken, zum Beispiel von Mineralwasser oder Sekt.

Lindenblüten-Gelee

Saft auf etwa 80°C erwärmen. Ungewaschene Lindenblüten in den Saft geben und über Nacht stehen lassen. Flüssigkeit abseihen und den Zitronensaft zugeben. Mit Gelierzucker nach Packungsanleitung zu Gelee einkochen und heiß in saubere Gläser füllen.

Zutaten
4 Handvoll Lindenblüten
750 ml Apfel- oder Orangensaft
Saft von 1 Zitrone
Gelierzucker

Lindenblüten-Limonade

Lindenblüten und in Scheiben geschnittene Zitrone über Nacht in Mineralwasser, Apfel- oder Orangensaft einlegen. Am nächsten Tag Flüssigkeit abseihen, nach Geschmack mit etwas Honig süßen und kalt servieren.

Zutaten
1 bis 2 Handvoll Lindenblüten
1 unbehandelte Zitrone
1 l Mineralwasser, Apfel- oder Orangensaft

Preiselbeeren

Preiselbeeren

Vaccinium vitis–idaea
Heidekrautgewächs

Immergrüner, bis 30 cm hoher, wenig verzweigter Zwergstrauch. Blätter glänzend, ledrig, elliptisch, am Rand meist umgerollt.

Vorkommen Moore und Moorwälder, Zwergstrauchheiden sowie Laub- und Nadelwälder. Auf sauren, nährstoffarmen Böden. Halbschattig. In zahlreichen Bundesländern im Rückgang begriffen.

Anbau im Garten Im Heidekrautbeet. Zahlreiche Kultursorten im Handel erhältlich.

Blüte Mai bis Juli. Mehrere glockenförmige, weiß-rötliche kleine Blüten traubenförmig zusammenhängend.

Fruchtreife September bis Oktober. Etwa erbsengroße, rote, glänzende Beere mit vielen Samenkernen.

Sammelhinweis Leicht bittere und säuerliche Beeren, die Schleimhäute des Mundes zusammenziehend.

Süße Verwertung Roh essbar. Gekocht zu Marmelade und Gelee, für Desserts, Kuchen und Gebäck (mit herbem Beigeschmack).

Wichtig In zahlreichen Bundesländern ist die Preiselbeere eine gefährdete Pflanzenart.

Preiselbeerkompott

Preiselbeeren auslesen und waschen. Wasser und Zucker im Topf erhitzen und die Beeren zugeben. So lange köcheln lassen, bis die Früchte gleichmäßig rot sind und der Saft geleeartig ist. Abkühlen lassen und zum Beispiel zu Apfelpfannkuchen oder über Quark mit Schokostreusel geben.

Tipp
Nelken, Sternanis und Piment sind Gewürze, die gut dazu passen.

Preiselbeer-Baiserkuchen

Teigzutaten rasch zu einem Mürbeteig verarbeiten und für eine halbe Stunde in den Kühlschrank stellen. Springform fetten und den Teig darin auslegen, Rand hochziehen. Teig im vorgeheizten Backofen bei 180°C etwa 15 Minuten vorbacken.

Eiweiß steif schlagen, Zucker langsam einrieseln lassen und vermengen. Boden mit Kompott bestreichen und mit Schokostreusel bestreuen. Eiweißmasse darauf verteilen und mit Mandelblättchen bestreuen. Kuchen im vorgeheizten Backofen bei 170°C etwa 15 bis 20 Minuten goldbraun backen.

Zutaten Teig

- 150 g Mehl
- 125 g Butter
- 75 g Zucker
- 1 Prise Salz
- 1 Eigelb

Zutaten Belag

- Preiselbeerkompott (S. 118)
- Zartbitter-Schokostreusel
- 3 Eiweiß
- 100 g Zucker
- 100 g Mandelblättchen

Preiselbeerlikör

Zutaten

300 g Preiselbeeren
175 g weißer Kandis
700 ml Wodka

Beeren verlesen, waschen und trocken tupfen. Alle Zutaten in eine Flasche geben und etwa 2 Monate ziehen lassen. Hin und wieder schütteln. Filtern und in schöne Flaschen füllen.

Tipp
Nelken, Sternanis und Piment sind Gewürze, die gut dazu passen.

Robinie

Robinie

Robinia pseudoacacia
Schmetterlingsblütler

Bis 25 m hoher, schnellwüchsiger Laubbaum mit tief gefurchter Rinde. Blätter gefiedert, mit 9 bis 17 eiförmigen Blättchen, daher auch Falsche Akazie oder Scheinakazie genannt. Nebenblätter zu langen Dornen umgebildet. Reichliche Wurzelbrut.

Vorkommen Ursprünglich in Nordamerika beheimat, seit 1884 bei uns wegen ihrer Anspruchslosigkeit als Straßenbaum und zur Böschungsbegrünung angepflanzt, stellenweise verwildert. Auf frischen bis trockenen, tiefgründigen Böden. Wärmeliebend.

Anbau im Garten Als Solitärbaum. Anspruchslos, aber sehr ausbreitungsfreudig.

Blüten Mai bis Juni. Vielblütige, weißliche Blütentrauben mit den für Schmetterlingsblütler typischen Schiffchenblüten.

Fruchtreife Ab September, den Winter über am Baum verbleibend. Bis 10 cm lange, bohnenförmige Hülse.

Sammelhinweis Stark duftende Blüten. Beim Pflücken die starken Dornen beachten. Die Blütentrauben werden in der Mittagssonne gepflückt.

Süße Verwertung Blüten zum Aromatisieren von Gelee, Getränken, Desserts oder zur Herstellung von (sehr süßem) Sirup.

Verarbeitungshinweis Blütentrauben ungewaschen verarbeiten.

Wichtig Nur die Blüten der Robinie zum Aromatisieren verarbeiten, alle anderen Bestandteile der Pflanze sind stark giftig.

Robinienblüten-Sirup

Zucker und Zitronensäure in 2 l Wasser gut auflösen. Blütenstände einlegen und mit Zitronenscheiben bedecken. 3 – 4 Tage ziehen lassen, dabei
hin und wieder umrühren. Durch ein Sieb seihen.
Die aufgefangene Flüssigkeit auf 80°C erhitzen und
in Flaschen abfüllen. Angefangene Flaschen sollten
im Kühlschrank aufgehoben werden.
Mit Mineralwasser oder Sekt aufgegossen ergibt der
Sirup ein köstliches, erfrischendes Getränk.

Zutaten

etwa 20 ungewaschene
Robinienblütenstände
2 l Wasser
2 kg weißer Zucker
70 g Zitronensäure
2 unbehandelte Zitronen

Robinienblüten-Gelee

Die Blütendolden über Nacht im Saft ziehen
lassen. Danach die Flüssigkeit durch ein Tuch
seihen, den ausgepressten Saft der Zitrone zugeben und mit einem Geliermittel der Wahl nach
Packungsanleitung zu Gelee einkochen. Heiß in
saubere Gläser füllen.

Zutaten

etwa 10 Robinienblütenstände
700 ml Apfelsaft
1 Zitrone
Gelierzucker

Tipp

Statt Apfelsaft Orangen- oder Birnensaft verwenden.

Rosen

Rosen
Wild- und Kartoffel-Rosen

Rosa canina / Rosa rugosa
Rosengewächse

Wild-Rose: Anmutiger Strauch mit überhängenden Zweigen, die in der Lage sind, mit Hilfe der Stacheln bis zu 5 m an anderen Gehölzen oder Kletterhilfen hoch zu klimmen. Zweige grün und daher in der Lage, Photosynthese zu betreiben. Auch Hunds-Rose genannt. Kartoffel-Rose: 1 bis 2 m hoher, derber, sparriger Strauch mit unterschiedlich langen Stacheln an kräftigen Stängeln. Laub runzelig, dem Kartoffellaub ähnelnd. Starke unterirdische Ausläuferbildung und hohe Toleranz gegenüber Wetter- und Salzeinfluss. Auch Runzelblättrige Rose genannt.

Vorkommen Wild-Rose: in Hecken, Gebüschen, lichten Laubwäldern und an Waldrändern. Bevorzugt mäßig trockenen, tiefgründigen Lehmboden.
Kartoffel-Rose: Ursprünglich aus Ostasien stammend, als Zierpflanze im 18. Jahrhundert in Deutschland eingebürgert. In Parkanlagen, an Sportplätzen und Straßenrändern sowie auf norddeutschen Inseln zur Dünenbefestigung angepflanzt; vielerorts verwildert.

Anbau im Garten Wild-Rose: Bestandteil von Wildgehölzhecken und zum Begrünen von Klettergestellen wie Torbögen, Lauben oder Regenabflussrohren. Mit Kletterhilfen zur Wandbegrünung. Zur Böschungsbefestigung geeignet. Recht anspruchslos, auch auf mageren Böden wachsend.
Kartoffel-Rose: Als niedrigwüchsiges Heckengehölz geeignet, wie auch zur Böschungsbefestigung aufgrund der Ausbreitungsfreudigkeit durch unterirdische Ausläufer. Sehr anspruchslos. Zahlreiche Kultursorten im Handel erhältlich.

Blüte Wild-Rose: Mai bis Juni. Weiß bis rosafarben mit 5 Blütenblättern und 5 unterschiedlich gestalteten Kelchzipfeln.
Kartoffel-Rose: Juni bis September. Dunkel rosafarbene oder weiße Blüten, im Durchmesser bis zu 8 cm groß. Zum Teil während der Fruchtreife noch Blüten tragend.

Fruchtreife Wild-Rose: Ab September, bis weit in den Winter hinein. Leuchtend rote, wie ein kleines Fässchen aussehende Sammel-nussfrucht (Butte = Fass). Nüsschen mit von Widerhaken besetzten Härchen ausgestattet (Juckpulver).
Kartoffel-Rose: August bis September. Dicke, kugelige, rote Hagebutte mit relativ viel Fruchtfleisch, zahlreichen Nüsschen und einem Haar-büschelchen unterhalb des Kelchansatzes.

Sammelhinweis Wild-Rose: duftende, leicht säuerlich schmeckende Blüten und fruchtige Hagebutten.
Kartoffel-Rose: stark duftende Blüten und fleischige Hagebutten.

Süße Verwertung Wild- und Kartoffel-Rose: Blüten zum Aromati-sieren von Gelee, Getränken und Desserts sowie zum Kandieren und zum Überziehen mit Schokolade.
Fruchtfleisch nach Beseitigung der Kerne und Härchen roh essbar. Zur Herstellung von Mus, als Grundlage für Marmelade, Desserts und Kuchenfüllungen. So können zum Beispiel Biskuitrollen oder Torten mit Mus oder Marmelade aus Hagebutten gefüllt werden.

Verarbeitungshinweis Wild- und Kartoffel-Rose: Bei der Verar-beitung der Blütenblätter den hellen Blütenboden abschneiden, da er bitter sein kann.
Wild-Rose: Hagebutten von Stiel- und Blütenansätzen befreien und Nüsschen mit feinen Härchen auskratzen. Sehr aufwendig! Fruchtmus zum Einfrieren geeignet. Ganze Früchte zum Ansetzen von Likör und Wein.
Kartoffel-Rose: Hagebutten von Stiel- und Blütenansätzen befreien und Haarbüschelchen unterhalb des Kelchansatzes mit einem spitzen Messer entfernen. Früchte einschließlich Kerne weich kochen und durch ein Sieb streichen. Fruchtmus weiter verarbeiten; zum Einfrie-ren geeignet. Ganze Früchte zum Ansetzen von Likör und Wein.

Kandierte Rosenblütenblätter

Die ungewaschenen Rosenblütenblätter werden einzeln mit einem weichen Pinsel mit Eiweiß bestrichen und rundum mit feinem Zucker oder Puderzucker bestreut. Auf ein mit Backpapier belegtes Backblech legen und bei 50°C etwa 1 bis 2 Stunden bei leicht geöffneter Tür trocken (Holzlöffel in Backofentür klemmen). Alternativ werden die Blätter auf einem Kuchenrost bei Zimmertemperatur zwei bis drei Tage getrocknet. Die Blätter sind dann trocken, wenn sie sich hart anfühlen. In luftdichten Gläsern aufbewahren.
Die Blüten eignen sich zum Verzieren von Süßspeisen, Eis und Backwaren.

Zutaten

Rosenblütenblätter
1 Eiweiß
feiner Zucker oder
Puderzucker

Tipp
Als knusprige Beilage zu Tee, Sekt oder Likör servieren.

Schoko-Rosenblätter

Zutaten

Rosenblütenblätter
Kuvertüre oder Schokolade
(Vollmilch, Zartbitter oder
weiße Schokolade)

Kuvertüre oder Schokolade im Wasserbad erwärmen; Rosenblütenblätter mit einer Pinzette vorsichtig hineintauchen und auf Pergamentpapier trocknen lassen.
Zum Verzieren von Desserts und Backwaren, aber auch als süßer Knabberspaß geeignet.

Hagebutten-Sirup

Zutaten

2 kg Hagebutten
1 l Wasser
1 kg Zucker
Saft von 2 Zitronen

Hagebutten waschen und von Stiel- und Blütenansätzen befreien. In einen Topf geben und zum Beispiel mit einem Kartoffelstampfer quetschen. Wasser zugießen (Früchte müssen bedeckt sein). Aufkochen und etwa 40 Minuten köcheln. Über Nacht ruhen lassen und am nächsten Tag Flüssigkeit erwärmen und durch ein Tuch seihen. Zucker und Zitronensaft zugeben, noch einmal wenige Minuten aufkochen, bis sich der Zucker gelöst hat. In saubere Flaschen füllen und kühl lagern. Hält sich etwa ein halbes Jahr.
Zum Aromatisieren von Getränken und Desserts. Angebrochene Flaschen sollten im Kühlschrank aufgehoben werden.

Hagebuttenmark

Zutaten

Hagebutten (bevorzugt die
Früchte der Kartoffel-Rose)

Die gewaschenen Hagebutten werden von den Stiel- und Blütenansätzen befreit und einschließlich der Kerne in Wasser (oder Apfelsaft) weich gekocht, püriert und durch ein Sieb gestrichen.
Das so gewonnene Mus, auch Mark genannt, kann zum Aromatisieren von Süßspeisen eingesetzt werden. Gesüßt schmeckt es köstlich über Eis und Quarkspeisen. Es bietet sich als Grundlage für die Weiterverarbeitung zu Marmelade an und lässt sich gut einfrieren.

Hagebutten-Marmelade

Hagebuttenmark mit Zitronensaft nach Packungsanleitung des Geliermittels zu Marmelade einkochen. Heiß in saubere Gläser füllen.

Zutaten
· ·
1 kg Hagebuttenmark (S. 130)
Gelierzucker
Saft von 1 Zitrone

Hagebutten-Birnen-Marmelade

Zutaten
. . . .

350 g Hagebuttenmark
(S. 130)
etwa 750 g Birnen
Saft von 1 Zitrone
Gelierzucker

Birnen waschen, Kerngehäuse entfernen und klein schneiden. In einen Topf geben, mit etwas Wasser weich kochen und pürieren. 350 g Hagebuttenmark und 650 g Birnenmus abwiegen, Zitronensaft und Gelierzucker zugeben und nach Packungsanleitung des Geliermittels einkochen. Heiß in saubere Gläser füllen.

Hagebutten-Sahnequark

Quark mit der Hagebutten-Marmelade verrühren, eventuell etwas Milch zugeben. Sahne mit Vanillepulver steif schlagen und mit einem Löffel unter die Quarkmasse geben. Als Nachtisch servieren.

Zutaten
. . . .
2 EL Hagebutten-Marmelade (S. 131)
250 g Magerquark
etwas Milch
200 ml Sahne
1 Msp. Vanillepulver

Tipp
Sehr schmackhaft als Sahneersatz über Kuchen, zum Beispiel zu einer Schoko-Tarte.

Hagebutten-Joghurt

Zutaten

Hagebutten-Marmelade (S. 131)
Naturjoghurt

Joghurt je nach Geschmack mit Hagebutten-Marmelade süßen. Ein schnell gemachter, köstlicher Nachtisch.

Hagebutten-Plätzchen

Aus Mehl, Zucker, Salz, Eigelb und Butter einen Mürbeteig kneten und mindestens 4 Stunden in Folie gewickelt im Kühlschrank kalt stellen. Arbeitsfläche mit Mehl bestreuen, den Teig etwa 3 mm dick ausrollen. Unterschiedlich große Plätzchen ausstechen; zum Beispiel zwei unterschiedlich große Blütenformen, wobei die kleinere in der Mitte mit einem Loch versehen wird.
Die Plätzchen auf ein gebuttertes Backblech legen und im vorgeheizten Backofen bei 175°C etwa 10 bis 15 Minuten goldgelb backen.
Nach dem Erkalten die kleinen Plätzchen mit Loch auf der Unterseite mit Marmelade bestreichen und auf die größeren setzen, damit sie haften. Zum Schluss Marmelade in die Vertiefung setzen.

Zutaten
- - - - - - - - - - - - - - -
Hagebutten-
Marmelade (S. 131)
500 g Mehl
250 g Zucker
1 Prise Salz
6 Eigelb
500 g Butter

Tipp
Marmeladenklecks zum Beispiel als Blütenmitte auf einem blütenförmigen Keks verwenden.

Hagebutten-Wein

Zutaten

- 150 g Hagebutten der Wild- oder Kartoffel-Rose
- 150 g weißer Kandis
- 1 l Weißwein
- Saft von ½ Zitrone
- 1 Msp. Vanillepulver

Die Hagebutten waschen, trocken tupfen, quetschen und mit den übrigen Zutaten in ein weithalsiges, verschließbares Gefäß geben. 8 Tage ruhen lassen. Hin und wieder schütteln. Durch ein Tuch filtern, um auch die feinen Härchen auszusondern. Sehr lecker und erfrischend! Den Wein im Kühlschrank aufbewahren, er ist nicht lange haltbar. Aber wer kann da schon widerstehen!

Hagebutten-Likör

Die Hagebutten waschen, trocken tupfen, quetschen und mit dem Kandis, der aufgeschlitzten Vanilleschote und dem Korn in eine weithalsige Flasche füllen. Flasche verschließen und Ansatz mindestens 2 Monate durchziehen lassen. Hin und wieder schütteln. Durch ein Tuch filtern, in Flaschen füllen und weitere 2 Monate nachreifen lassen. Je länger dieser Likör reift, desto besser wird er.

Tipp
Statt Doppelkorn Weinbrand verwenden.

Zutaten
· · · · · · · · · · · · · · ·
300 g Hagebutten der
Wild- oder Kartoffel-Rose
150 g weißer Kandis
1 Vanilleschote
700 ml Doppelkorn

Sanddorn

Sanddorn

Hippophae rhamnoides
Ölweidengewächs

Bis 5 m hoch werdender Strauch oder kleiner Baum, von Weitem wegen der silbergrau schimmernden Blätter einer Weide ähnelnd. Sparrig abstehende, stark von Dornen besetzte, steif aufrecht stehende Äste. Blätter lineal-lanzettlich, Blattunterseite silbrig behaart. Wurzelwerk weit verzweigt und tief in den Boden eindringend.

Vorkommen Alpen, Alpenvorland und Küsten; häufig in Gärten und Parkanlagen als Ziergehölz angepflanzt. Pioniergehölz auf sandigen, trockenen Böden.

Anbau im Garten Nur bei entsprechenden Bodenbedingungen geeignet. Als Solitär- oder Heckengehölz. Zur Böschungsbefestigung geeignet. Um einen Fruchtansatz zu gewährleisten, ist die Pflanzung von männlichen und weiblichen Gehölzen notwendig.

Blüte März bis Mai. Zweihäusig, unscheinbare männliche und weibliche Blüten auf zwei verschiedenen Pflanzen.

Fruchtreife Ab August, bis in den Winter hinein am Strauch verbleibend. Zylindrische, beerenartige Scheinfrucht mit orangerotem bis gelbem Fruchtfleisch.

Sammelhinweis August bis September. Säuerliche Früchte. Ernte im August mit der Hand; danach, wenn die Früchte vollreif und flüssig gefüllt sind und leicht zerplatzen, am besten mit einer kleinen Schere. Beim Pflücken die Dornen beachten. Sanddorn-saft wird mancherorts mit Hilfe von „Holzquetschen" am Zweig „gemolken".

Süße Verwertung Roh essbar. Verarbeitung zu Mus, Marmelade, Saft, Sirup und Likör.

Verarbeitungshinweis Verarbeitung zu Mus durch Passieren der rohen oder gekochten Früchte durch ein Sieb.

Wichtig Zweige nicht abschneiden, um die Früchte bequemer ernten zu können. Sanddorn trägt am mehrjährigen Holz und der Strauch würde durch diese Pflückmethode verstümmelt.

Sanddornsaft

Zutaten

Sanddornfrüchte
1 aufgeschlitzte Vanilleschote
Wasser
Zucker

Sanddornfrüchte in einen Topf geben und mit dem Kartoffelstampfer etwas zerdrücken. Vanilleschote und so viel Wasser zugeben, dass die Früchte leicht davon bedeckt sind. Fruchtmasse etwa 15 Minuten auf niedriger Stufe köcheln lassen und danach durch ein Sieb streichen. Fruchtbrei mit der gleichen Menge Zucker kurz aufkochen und heiß in Flaschen füllen.

Der Saft eignet sich hervorragend zur Herstellung von Desserts, als Soße für Obstsalate, über Milchreis oder mit Mineralwasser aufgegossen als erfrischendes Getränk.

Sanddorn-Ursaft

Sanddornfrüchte waschen, gut abtropfen lassen und durch ein Sieb drücken. Saft auffangen und nach Geschmack mit Zucker süßen. Der Saft kann sofort getrunken werden.

Sanddorn-Apfel-Gelee

Zutaten
• • • • • • • • • • • • • •

350 ml ungesüßten
Sanddornsaft (S. 140)
400 ml Apfelsaft
1 Msp. Vanillepulver
Geliermittel (2:1)

Sanddornsaft, Apfelsaft und Vanillepulver vermengen und nach Packungsanleitung des Geliermittels zu Gelee einkochen. Heiß in saubere Gläser füllen.

Sanddorn-Apfel-Birnen-Marmelade

Äpfel und Birnen schälen, vierteln, Kerngehäuse herausschneiden und die Früchte in kleine Stückchen schneiden. Obst mit Sanddornsaft, Zitronensaft, Vanillepulver und Gelierzucker vermengen und über Nacht ziehen lassen. Alles nach Packungsanleitung des Geliermittels zu Marmelade einkochen. Heiß in saubere Gläser füllen.

Tipp
Nach Geschmack noch eine Zimtstange oder Nelken beigeben.

Zutaten
- 250 ml Sanddornsaft (S. 140)
- 400 g säuerliche Äpfel
- 400 g süße Birnen
- Saft von 1 Zitrone
- 1 Msp. Vanillepulver
- Gelierzucker

Sanddorncreme

Zutaten

4 EL Sanddornsaft (S. 140)
oder -Gelee (S. 142)
200 g Mascarpone
Zucker nach Geschmack
etwas Sahne
Krokant

Mascarpone und Sanddornsaft verrühren. So viel Sahne kräftig untermengen, dass eine cremige Masse entsteht. Nach Geschmack mit Zucker süßen. Mit Krokant bestreuen und als Dessert reichen.

Tipp

Creme für Torten- und Gebäckfüllungen, für helle und dunkle Biskuit-Tortenböden, Muffins und Gebäck zum Füllen und Bestreichen einsetzen.

Vanilleeis mit Joghurt und Sanddornsaft

Vanilleeis mit etwas Joghurt und Sanddornsaft übergießen. Mit Schokostreusel bestreuen.

Zutaten
. . . .
Naturjoghurt
Sanddornsaft (S. 140)
Schokostreusel

Sanddorn-Bananengetränk

Zutaten

Sanddorn-Ursaft
½ Banane
Orangensaft

1 halbe Banane klein schneiden und mit etwas Orangensaft pürieren. Einen guten Schuss Sanddorn-Ursaft zugießen und das Glas mit Orangensaft auffüllen.

Sanddorn-Orangensaftdrink

Einen guten Schuss Sanddorn-saft in ein Glas geben und mit Orangensaft auffüllen. Gut gekühlt trinken.

Tipp
Eine Kugel Vanilleeis dazugeben und mit einem Cocktaillöffel servieren.

Zutaten

Sanddornsaft (S. 140)
Orangensaft (möglichst frisch gepresst)

Sanddornlikör

Alle Zutaten in eine Flasche füllen und etwa 4 Wochen ruhen lassen. Hin und wieder schütteln. In schöne Flaschen füllen.

Zutaten

250 ml Sanddorn-Ursaft (S. 141)
700 ml Wodka oder Doppelkorn
200 g weißer Kandis

Sanddorn-Aperitif

Einen Schuss Sanddornlikör in ein Sektglas geben und mit Sekt oder Champagner auffül-len. Ein schnell zubereiteter, außergewöhnlicher Aperitif.

Zutaten

Sanddornlikör (S. 147)
Sekt oder Champagner

Schlehe

Schlehe

Prunus spinosa
Rosengewächs

Stark dorniger, bis 3 m hoher, sparrig verzweigter Strauch. Wegen der im Alter dunkler werdenden Rinde auch Schwarzdorn genannt. In spitze Dornen auslaufende Seitenzweige mit kleinen, länglich elliptischen Blättern. Intensive Vermehrung durch Wurzelsprosse. Schlehen sind die Grundlage unserer kultivierten Pflaumenbäume.

Vorkommen In sonnigen Hecken und an Waldrändern. Bevorzugt auf nährstoffreichen Böden.

Anbau im Garten Im Garten für Wildhecken nur bedingt geeignet, da sehr ausbreitungsfreudig.

Blüte März bis April. Unzählige, wie kleine Sternchen aussehende, schneeweiße Blüten; vor dem Austreiben der Blätter erscheinend.

Fruchtreife September bis November, bis weit in den Winter an den Ästen stehend. Kugelige, schwarzblau bereifte Steinfrucht; pflaumenartig.

Sammelhinweis September bis November. Herb-säuerliche Früchte, die Schleimhäute des Mundes zusammenziehend. Bevorzugt nach den ersten Frösten sammeln, weil dann die Früchte etwas milder schmecken. Beim Pflücken die Dornen beachten.

Süße Verwertung Roh essbar, aber sehr herb. Zur Herstellung von Marmelade, Gelee, Saft, Likör oder Wein.

Verarbeitungshinweis Vor dem Frost gepflückte Früchte einige Tage einfrieren. Mit milder schmeckenden Zutaten wie Äpfel oder Birnen verarbeiten.
Steine aufgrund giftiger Inhaltsstoffe bei der Verarbeitung nicht verletzen; im Ganzen entfernen, zum Beispiel, indem man die Früchte weich kocht und vorsichtig durch ein Sieb streicht. Das Zerstoßen einzelner Steine gibt manchen Rezepten jedoch ein besonderes, nach Bittermandel schmeckendes Aroma.

Wichtig Die Steine enthalten giftige Blausäure-Glykoside.

Schlehensaft

Zutaten

2 kg Schlehenfrüchte
3 l Wasser
250 g Zucker

Schlehen waschen und mit kochendem Wasser übergießen. Einen Tag ruhen lassen, Flüssigkeit filtern, erneut aufkochen, wieder über die Schlehenfrüchte gießen und einen weiteren Tag ruhen lassen. Diese Prozedur vier- bis sechsmal wiederholen. Dann den Saft mit dem Zucker aufkochen und heiß in saubere Flaschen abfüllen.

Schlehen-Apfel-Marmelade

Die nach dem ersten Frost geernteten oder tiefgekühlten Schlehenfrüchte mit etwas Apfelsaft weich kochen und noch heiß durch ein Sieb passieren. 500 g von diesem Mus abwiegen und in kleine Stückchen geschnittene (oder ebenfalls etwas weich gekochte und durch ein Sieb passierte) Äpfel und Zitronensaft zugeben. Mit Gelierzucker nach Packungsanleitung zu Marmelade einkochen. Heiß in saubere Gläser füllen.

Tipp
Auch mit Birnen sehr schmackhaft.

Zutaten

500 g Schlehenmus
500 g kleingeschnittene süße Äpfel
Saft von 1 Zitrone
Gelierzucker

Schlehenspeise

Zutaten
. . . .
Sahnequark
Milch
Zucker
Schlehensaft (S. 150)
Schokostreusel

Sahnequark mit Milch zu einer cremigen Masse verrühren und mit wenig Zucker süßen. Mit Schlehensaft und Schokostreusel servieren.

152

Schlehenfeuer-Kuchen

Butter, Zucker und Eigelb schaumig schlagen. Mehl, Backpulver, Blockschokolade und Haselnüsse unterheben. Eiweiß mit Salz steif schlagen und unterheben. Den Teig in eine gefettete Springform geben und im vorgeheizten Backofen bei 200°C etwa 25 Minuten backen.

Kuchen abkühlen lassen, die Oberfläche mit einer Gabel durchlöchern und mit dem Schlehenfeuer beträufeln. Die Flüssigkeit zieht durch die Einstiche in den Kuchen ein. Mit Schokoguss überziehen. In Alufolie packen und etwa 14 Tage kühl stellen. Der Kuchen soll danach noch einige Wochen haltbar sein. Doch wer kann der Versuchung so lange widerstehen?

Zutaten
150 ml Schlehenfeuer (S. 155)
Schokoladenguss

Zutaten Teig
150 g Butter
150 g Zucker
4 Eigelb
150 g Mehl
1 gehäuften TL Backpulver
150 g geriebene Blockschokolade
40 g gemahlene Haselnüsse
4 Eiweiß
1 Prise Salz

Schlehenpunsch

Zutaten

250 ml Schlehensaft (S. 150)
1 l starker schwarzer Tee
Saft von 1 Zitrone
brauner Zucker
Zitrone

Schlehensaft erhitzen und dem heißen Tee zugeben. Mit Zitronensaft und Zucker abschmecken.
In feuerfeste Gläser je eine Zitronenspalte legen
und den Punsch einfüllen.

Tipp
An ganz kalten Tagen ein Gläschen Schlehenfeuer
(S. 155) zugießen.

Schlehenfeuer

Alle Zutaten in eine Flasche geben, verschließen und mindestens 2 Monate auf der Fensterbank ruhen lassen. Hin und wieder schütteln. Filtern und in Flaschen füllen.

Tipp
Dem Ansatz zusätzlich 3 Gewürznelken zugeben.

Zutaten
· · · · · · · · · · · · · · · ·
200 g Schlehen
150 g weißer Kandis
1 aufgeschlitzte Vanilleschote
700 ml Doppelkorn

Spitz-Ahorn

Spitz-Ahorn

Acer platanoides
Ahorngewächs

30 bis 40 m hoher Laubbaum. Zweige und Blätter gegenständig. Blätter in 5 Blattlappen spitz zulaufend. Dekorative Laubfärbung im Herbst.

Vorkommen Laub- und Mischwälder, aber auch in den Auen von Bächen und Flüssen; häufig als Park- und Alleebaum angepflanzt. Auf nährstoffreichen Böden.

Anbau im Garten In großen Gärten als prachtvolle Solitärbäume.

Blüte April. Doldenrispen mit gelb-grünlichen Blüten an noch unbelaubten Zweigen. Zuerst aufrecht, später hängend.

Fruchtreife Oktober bis Dezember. Geflügelte Frucht, stumpfwinklig angeordnet, propellerartig zu Boden fliegend.

Sammelhinweis Süß-säuerliche Blüten.

Süße Verwertung Roh essbar. Zum Aromatisieren und zur Dekoration von Süßspeisen.

Verarbeitungshinweis Mit Ahornsirup (aus dem Stamm des Zucker-Ahorns gewonnen) aromatisierte Speisen erhalten durch die Dekoration mit Ahornblüten eine interessante Note.

Obstsalat mit Spitz-Ahornblüten

Zutaten

einige frisch gepflückte Büschel Spitz-Ahornblüten
2 Birnen
2 Äpfel
2 EL Rosinen
8 EL Sahne
1 EL Zitronensaft
1 EL Ahornsirup

Obst schälen, Kerngehäuse herausschneiden, die Früchte in Stücke schneiden und mit den Rosinen vermengen. Sahne, Zitronensaft und Sirup gut vermengen und die Soße über das Obst geben. Mit den Blüten verziert servieren.

Tipp
Statt Sahne Apfel- oder Orangensaft verwenden.

Vogelkirsche

Vogelkirsche

Prunus avium
Rosengewächs

Bis 20 m hoher, sommergrüner, zierlicher Laubbaum. Länglich-ovale, unregelmäßig gesägte Blätter; an den Blattstielen nahe des Blattgrundes mit zwei auffälligen, roten Drüsen, die einen süßen Saft absondern. Orange- bis feuerrote Laubfärbung im Herbst. Borke glänzend rötlich-braun, horizontal in schmalen Streifen ablösend. Starke unterirdische Vermehrung durch Wurzelsprosse. Auch Wildkirsche genannt. Vogelkirschen sind die Grundlage unserer kultivierten Kirschbäume.

Vorkommen In krautreichen Laubwäldern, an Waldrändern und in Hecken. Auf nährstoffreichen Böden.

Anbau im Garten Attraktives Gehölz sowohl als Solitärbaum als auch als Gruppengehölz aufgrund der reichen Blütenpracht, der Kirschernte und der Herbstfärbung. Ausbreitungsfreudig.

Blüte April bis Mai. Blütenbüschel mit jeweils 2 bis 6 weißen, meist nach unten hängenden Blüten, vor dem Austrieb der Blätter erscheinend.

Fruchtreife Juni bis Juli. Rote bis tiefdunkle Steinfrucht mit relativ großem Steinkern und wenig Fruchtfleisch im Vergleich zu unserer kultivierten Süßkirsche.

Sammelhinweis Duftende Blüten, leicht nach Mandeln schmeckend und sehr schmackhaft. Fruchtige, süß-säuerliche Kirschen.

Süße Verwertung Blüten zum Kandieren oder zum Aromatisieren von Likör und Getränken.
Früchte roh zum Naschen. Als Kuchenbelag oder in Form von Marmelade, Gelee oder Saft zu verwenden, wie auch zur Herstellung von Likör und Wein.

Verarbeitungshinweis Fruchtfleisch löst sich bei reifen Kirschen gut vom Stein. Steine aufgrund giftiger Inhaltsstoffe bei der Verarbeitung nicht verletzen; im Ganzen entfernen, zum Beispiel indem man die Früchte weich kocht und vorsichtig durch ein Sieb streicht. Das Zerstoßen einzelner Steine gibt manchen Rezepten jedoch ein besonderes, nach Bittermandel schmeckendes Aroma.

Wichtig Die Steine enthalten giftige Blausäure-Glykoside.

Vogelkirschkuchen

Eier und Zucker schaumig schlagen. Haselnussmehl mit Backpulver vermengen und unterrühren. Teigmasse in eine gefettete Springform geben
und etwa 25 Minuten bei 200°C backen. In der
Springform belassen.
Tortenguss mit Apfelsaft nach Packungsanleitung
zubereiten, zügig die entkernten Kirschen unterheben und auf den Kuchenboden verteilen. Fest
werden lassen und aus der Form herausnehmen.
Sahne mit Vanillepulver steif schlagen, auf die
Kirschmasse geben und verteilen (oder dekorativ
aufspritzen). Mit Schokostreuseln bestreuen und
genießen.

Zutaten Teig

3 Eier
150 g Zucker
200 g gemahlene Haselnüsse
1 Msp. Backpulver

Zutaten Belag

750 g entsteinte Vogelkirschen
1 Päckchen roter Tortenguss
250 ml Apfelsaft und Wasser
gemischt
2 Becher Sahne
1 gute Msp. Vanillepulver
Zartbitter-Schokostreusel

Vogelkirschlikör

Kirschen waschen, trocken tupfen und in ein
weithalsiges Gefäß geben. Kandis zufügen und
mit einem festen Gegenstand den Kandis auf die
Kirschen drücken, damit diese etwas aufplatzen.
Vanilleschote aufschlitzen und mit den Nelken und
der Zimtstange dem Ansatz zufügen. 6 Wochen
ruhen lassen. Hin und wieder schütteln. Filtern und
in Flaschen füllen.

Zutaten

400 g Vogelkirschen
200 g weißer Kandis
700 ml Wodka
1 Vanilleschote
4-5 Nelken
1 kleines Stückchen Zimt-
stange

Raffinierter Wildkirschlikör

Zur Blütezeit der Wildkirsche Korn, Kandis und Blüten ansetzen und bis zum Reifen der Früchte ruhen lassen. Flüssigkeit abseihen. Kirschen waschen, trocken tupfen, zum 1. Ansatz geben und noch einmal 2 Monate ruhen lassen. Filtern und in Flaschen füllen.

Walnuss

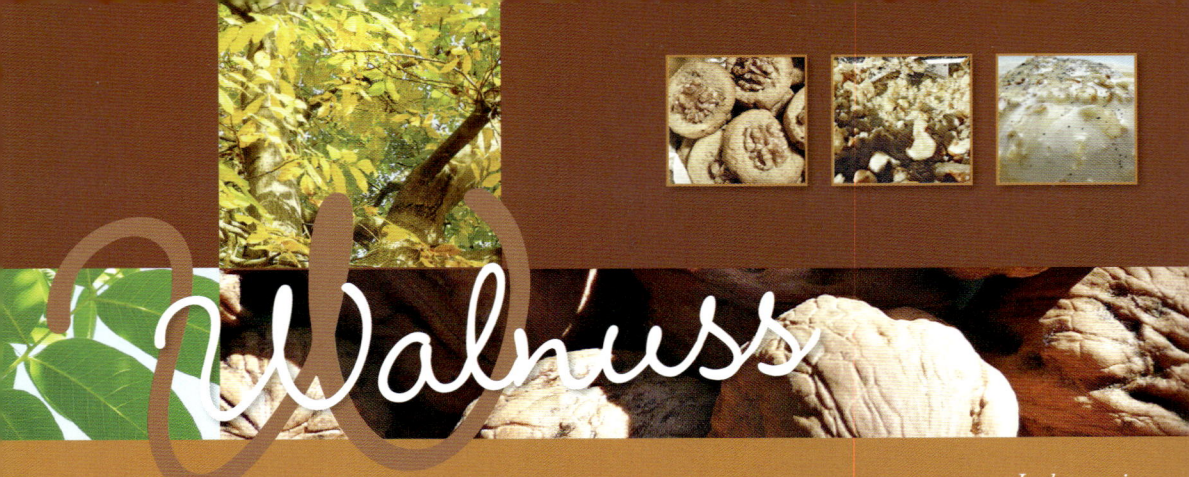

Walnuss

Juglans regia
Walnussgewächs

Bis zu 30 m hoch werdender, sommergrüner Laubbaum mit meist ausladender Krone. Unpaarig gefiederte Blätter mit langem Stiel, relativ spät im Jahr erscheinend.

Vorkommen Ursprünglich in Ostasien beheimatet und als Kulturbaum nach Mitteleuropa eingeschleppt und verwildert; beliebter Zierbaum in Parkanlagen und Gärten. Auf nährstoff- und kalkreichen, tiefgründigen Böden.

Anbau im Garten In großen Gärten als Solitärbaum. Empfindlich gegen Spätfröste. Laub und Wurzeln enthalten Stoffe, die das Wachstum anderer Pflanzen beeinträchtigen können. Erst nach dem 20. Lebensjahr Früchte tragend.

Blüte Mai. Einhäusig, unscheinbare weibliche Blüten und männliche, hängende Kätzchen getrennt auf einer Pflanze.

Fruchtreife September bis Oktober. Nussfrucht mit harter, holziger Fruchtwand; von einer grünen Schale umgeben, welche die Nuss schützt, wenn sie reif zu Boden fällt.

Sammelhinweis Juni: unreife Früchte mit grüner Schale.
September bis Oktober: reife Walnüsse mit nussigem Geschmack.

Süße Verwertung Grüne, im Juni geerntete Früchte zur Herstellung von Likör. Reife Walnüsse roh zum Knabbern, zur Verarbeitung in Kuchen und anderem Gebäck oder zur Herstellung von Likör.

Verarbeitungshinweis Vorsicht bei der Verarbeitung der grünen Früchte, da diese Finger und Kleidung nachhaltig färben. Beim Sammeln der reifen Früchte im Herbst Nüsse mit alten Handschuhen aus den grünlichen Schalen schälen. Walnüsse gründlich mit einer Bürste reinigen (nicht waschen) und zum Trocknen in einen warmen Raum legen. Die Walnüsse sollten einschichtig gelagert werden und sich möglichst nicht gegenseitig berühren. Häufig wenden, damit sie nicht schimmeln.

Walnusslikör–Zuckerglasur

P uderzucker in ein Schälchen sieben, etwas Kakaopulver zugeben und vermengen. Nach und
nach so viel Walnuss-Kaffeelikör untermengen, bis
ein streichfähiger Zuckerguss entsteht. Mit einem
Pinsel Kaffeegebäck oder Plätzchen damit bestreichen.

Tipp
Auch ohne Kakao empfehlenswert.

Zutaten
Walnuss-Kaffeelikör (S. 175)
Puderzucker
Kakaopulver

Süße Walnussbutter

Zutaten
. . . .
40 g Walnüsse
125 g zimmerwarme Butter
2 TL Fichtenspitzen-Sirup
(S. 43)

Alle Zutaten mit dem Mixer pürieren und als Brotaufstrich verwenden.

Walnuss-Panacotta

Gelatine mit 4 EL Wasser einweichen. Sahne mit dem ausgekratzten Vanillemark sowie der ausgekratzten Vanilleschote aufkochen. Schote herausnehmen. Unter Rühren Zucker, Zimt, Gelatine und Walnusskerne zur Sahne geben und etwa 3 Minuten köcheln lassen.

Kleine Schälchen oder Tassen mit kaltem Wasser ausspülen, Masse einfüllen und für mindestens 2 Stunden in den Kühlschrank stellen. Dann die Gefäße kurz in heißes Wasser tauchen, stürzen, mit Fichtenspitzen-Sirup (S. 43) beträufeln und servieren. Lecker!

Zutaten

2 EL fein gehackte oder gemahlene Walnüsse
4 Blatt weiße Gelatine
4 EL Wasser
400 g Sahne (30 % Fett)
½ Vanilleschote
4 TL Zucker
1 Msp. Zimt

Herbstkuchen

Zutaten Teig

Hagebutten-Marmelade
(S. 131)
200 g Mehl
1 TL Backpulver
100 g Butter
70 g Zucker
1 Ei

Zutaten Belag

4 Eiweiß
1 Prise Salz
100 g Puderzucker
100 g Haselnussmehl
150 g fein gehackte Walnüsse

Mehl und Backpulver in eine Schüssel sieben, Butterflocken darauf verteilen, Zucker und Ei zugeben und zu einem glatten Teig kneten. 30 Minuten im Kühlschrank ruhen lassen. Teig in eine gut gefettete Springform geben, den Rand dabei etwas hoch ziehen. Boden mit Hagebutten-Marmelade bestreichen und im vorgeheizten Backofen bei 200°C 15 Minuten vorbacken.

Für den Belag aus 4 Eiweiß und einer Prise Salz Eischnee schlagen, Puderzucker zugeben und schlagen, bis der Schnee homogen ist. Mit dem Schneebesen zunächst die gemahlenen Haselnüsse, dann die Walnüsse unterheben. Nuss-Baiser auf den vorgebackenen Teig verteilen und noch 25 bis 30 Minuten bei 170°C goldbraun backen.

Walnuss-Ingwerplätzchen

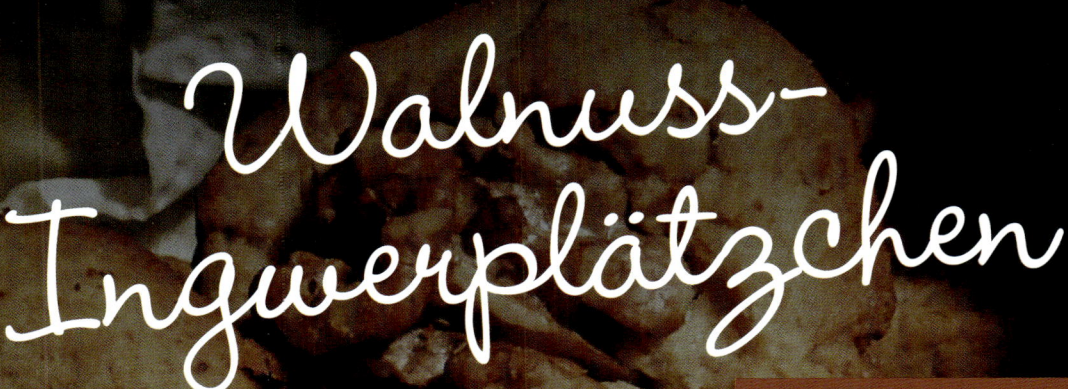

Aus den Teigzutaten einen Mürbeteig herstellen, zu einer Rolle mit einem Durchmesser von etwa 4 cm formen und mindestens 30 Minuten kalt stellen. Die Teigrolle in etwa ½ Zentimeter dicke Scheiben schneiden und diese nebeneinander auf ein gefettetes Backblech legen, nach Belieben eine Walnusshälfte auflegen. Im vorgeheizten Backofen bei 180°C etwa 12 bis 15 Minuten backen.

Zutaten

- 240 g Dinkelmehl
- 240 g Rohrzucker
- 6 Eigelb
- 200 g kalte Butter
- 300 g gemahlene Walnusskerne
- 1 TL Ingwerpulver
- 2 Msp. Zimt
- Walnusshälften zum Verzieren

Walnuss-Pflümlis

- 50 g Walnüsse
- 50 g getrocknete Pflaumen
- 2 EL Schlehenfeuer (S. 155)
- 1 Msp. Zimt
- 200 g weiße Blockschokolade

Pflaumen klein schneiden, Walnüsse hacken und beides mit dem Zimt und dem Schlehenfeuer vermengen. Schokolade im Wasserbad auflösen, vom Herd nehmen, Pflaumen-Nussmasse zugeben und vermengen. Mit zwei Teelöffeln kleine Häufchen der Masse auf Pergamentpapier setzen und trocknen lassen.

Nuss-Kaffeepralinen

Nüsse, Likör und Marzipan mit einer Gabel vermengen. Kugeln formen, diese etwas flach drücken. Kuvertüre langsam im Wasserbad erhitzen. Die Pralinenrohlinge darin eintauchen, auf Pergamentpapier setzen, mit einer Mokkabohne verzieren und trocknen lassen.

Zutaten

- 50 g zerstoßene Walnusskerne
- 50 g gemahlene Haselnüsse
- 3 - 4 EL Walnuss-Kaffeelikör (S. 175)
- 200 g Marzipan-Rohmasse
- Zartbitter- oder Vollmilchkuvertüre
- Mokkabohnen

Nuss-Kaffeekonfekt

Die Amarettini in einer Schüssel zu feinen Bröseln zerstampfen; einige Amarettini sehr fein
reiben (oder Brösel durch ein feines Sieb drücken).
Marzipan-Rohmasse in kleine Stückchen schneiden.
Schokolade im Wasserbad langsam schmelzen
lassen. Gefäß aus dem Wasserbad herausnehmen
und den Likör unterrühren, danach mit einer Gabel
zügig die kleingeschnittene Marzipan-Rohmasse
untermengen, zuletzt die Amarettinibrösel. Aus der
Masse kleine Kugeln formen, etwas flach drücken,
eine Mokkabohne aufdrücken und das Konfekt
in Amarettinimehl wälzen. Konfekt in Pralinen-
Papierförmchen legen.

Walnusslikör

Grüne Walnüsse grob zerkleinern und mit dem Korn in eine weithalsige, verschließbare Flasche füllen. Für 3 bis 4 Wochen an einen sonnigen Platz stellen. Hin und wieder schütteln. Es entsteht eine trübe, dunkle Flüssigkeit, die bleibende Ränder am Ansatzgefäß hinterlässt! Filtern, in Flaschen füllen und die Gewürze und den Zucker zufügen. 1 weitere Woche ruhen lassen, filtern und genießen.

Zutaten

8 grüne, um Johanni geerntete Walnüsse
750 ml Doppelkorn
1 kleines Stückchen Zimtstange
3 Gewürznelken
2 Sternanis
200 g Zucker

Walnussschalen-Likör

Zutaten

Walnussschalen (von 20 bis 30 Nüssen)
1 Flasche Wodka
250 g brauner Kandis

Walnussschalen gründlich waschen und trocknen. Schalen in ein Küchentuch einschlagen und mit einem Hammer zerkleinern. Die Schalen und den Kandis in eine weithalsige Flasche geben, mit dem Wodka übergießen (die Schalen müssen bedeckt sein). 4 bis 6 Wochen an einem dunklen, warmen Platz ruhen lassen. Filtern und in Flaschen füllen.

Walnuss-Kaffelikör

A lle Zutaten in eine weithalsige Flasche füllen und etwa 2 Monate an einem dunklen Ort ziehen lassen. Hin und wieder schütteln. Ansatz filtern und den Likör in Flaschen füllen.

Weißdorn

Weißdorn

Crataegus
Rosengewächs

Bis 6 m hohes, dorniges Gehölz, meist strauchförmig wachsend, bisweilen auch höher und baumartig. Tief drei- bis fünflappige Blätter. Es gibt den Eingriffeligen *(Crataegus monogyna)* und den Zweigriffeligen Weißdorn *(Crataegus laevigata)*, wobei der Eingriffelige stärker gelappte Blätter aufweist. Auch Hagedorn genannt.

Vorkommen In vielen wildwachsenden Hecken wie auch im Wald, an Waldrändern und in Gebüschen. Mit Vorliebe auf nährstoffreichen, humosen Böden.

Anbau im Garten Als Solitär- oder Heckengehölz. Pflegeleicht und anspruchslos.

Blüte Mai bis Juni. Unzählige weiße Blüten mit starkem Duft.

Fruchtreife August bis Oktober. Scharlachrote, beerenartige Frucht mit gelbem Fruchtfleisch. Je nach Art mit ein bis zwei großen Steinkernen. Auch nach dem Laubfall am Strauch verbleibend.

Sammelhinweis Rote, süßliche Früchte mit mehliger Konsistenz. Beim Pflücken die Dornen beachten.

Süße Verwertung Roh wenig schmackhaft. Zur Herstellung von Desserts und Likör; wegen des hohen Pektingehaltes auch mit anderen Früchten zu Marmelade, Gelee und Kompott.

Verarbeitungshinweis Bei der Verarbeitung zu Desserts, Marmelade und Kompott wird ein Mus zubereitet; dazu weich gekochte Früchte durch ein Sieb streichen, um die Kerne zu entfernen.

Wichtig In größeren Mengen roh gegessen, wirken die Früchte abführend.

Weißdorn-Apfelmus

Zutaten

300 g Weißdornfrüchte
700 g Äpfel
Apfelsaft
Zucker oder Honig
Sahne
Amarettini

Gewaschene Weißdornfrüchte mit kleinge-schnittenen, ungeschälten, vom Kerngehäuse befreiten Äpfeln knapp mit Apfelsaft bedeckt aufsetzen und bei kleiner Flamme etwa eine Vier-telstunde weich kochen. Masse durch ein Sieb pas-sieren, abkühlen lassen. Nach Belieben mit Zucker oder Honig süßen. Mit Sahne und zerbröselten Amarettini servieren.

Weißdornlikör

Früchte waschen, trocken tupfen und mit dem Kandis in eine Flasche füllen. Mit Korn auffüllen und mindestens 6 Wochen ruhen lassen. Filtern und noch weitere 3 Monate reifen lassen.

Tipp
Statt Korn kann auch Rum oder Wodka verwendet werden.

Zutaten
. . . .
200 g Weißdornfrüchte
100 g Kandis
700 ml Doppelkorn

Literaturverzeichnis

Henschel, Detlev (2002): Essbare Wildbeeren und Wildpflanzen. Sammeltipps, Verwendung, Giftige Doppelgänger. Franckh-Kosmos Verlag, 256 S., 16,90 Euro, ISBN 978-3-440-09154-8

Innerhofer, Georg (2013): Sirup & Nektar. Aus Früchten, Blüten und Kräutern. 2. Auflage, Stocker Verlag. 152 Seiten, zahlreiche Farbabbildungen, 16,90 Euro, ISBN 978-3-7020-1232-8

Kretzschmar, Annette (2011): Die Wildfrüchteküche. Thorbecke Verlag. 109 S., mit zahlreichen Fotos, 22,90 Euro. ISBN 978-3-7995-3568-7

Mayer, Elisabeth und Diewald, Michael (2012): Die besten Wildfruchtrezepte. Süß und pikant. 2. Auflage, Stocker Verlag. 192 S., 16,90 Euro, ISBN 978-3-7020-1347-9

Tubes, Gisela (2014): Nutzbare Wildpflanzen – gesund und schmackhaft. Mit kräuterkundlichen Streifzügen zu allen Jahreszeiten. 2. Auflage, Quelle & Meyer Verlag. 364 Seiten, über 500 Fotos. 16,95 Euro, ISBN 978-3-494-01588-0

Zeitlhöfler, Andreas (2008): Wildobst für den Hausgarten. 1. Auflage, AV Buch. 79 S., 10,95 Euro, ISBN 978-3-7040-2306-3

Bestimmungsbücher

Spohn, Margot, Aichele, Dietmar & Golte-Bechtle, Marianne (2008): Was blüht denn da? Wildwachsende Blütenpflanzen Mitteleuropas. 58., völlig neubearb. Auflage, Franckh-Kosmos Verlag, 492 Seiten, 17,95 Euro, ISBN 978-3-440-11379-0 (für Einsteiger!)

Fitter, Richard, Fitter, Alastair & Blamey, Marjorie (2014): Pareys Blumenbuch. Über 2500 Arten in 3200 Farbzeichnungen. 2. überarbeitete Ausgabe, Franckh Kosmos-Verlag, 356 S., 26,99 Euro, ISBN 978-3-440-13290-6 (für Geübte!)

Schmeil, Otto & Fitschen, Jost (2011): Die Flora Deutschlands und der angrenzenden Länder: Ein Buch zum Bestimmen aller wildwachsenden und häufig kultivierten Gefäßpflanzen. 95., vollständig überarb. u. erw. Auflage, Quelle & Meyer Verlag, 919 S., 32,95 Euro, ISBN 978-3-494-01498-2 (für Fortgeschrittene!)

Hecker, Ulrich (2012): Bäume und Sträucher. 2. Auflage, BLV Verlag, 238 Seiten, 9,95 Euro, ISBN 978-3-8354-0941-5

Hensel, Wolfgang (2006): Welche Giftpflanze ist das? 1. Auflage, Franckh-Kosmos Verlag, 128 Seiten, 4,95 Euro, ISBN 978-3-440-10745-4

Lüder, Rita (2012): Grundkurs Gehölzbestimmung. Eine Praxisanleitung für Anfänger und Fortgeschrittene. 2. korrigierte Auflage, Quelle & Meyer Verlag. 444 S., 1.900 farb. Abb., 19,95 Euro, ISBN 978-3-494-01502-6

Register der Rezepte nach Pflanzenarten

Register der Rezepte nach Art der Süßspeisen und Getränke

Kalender der Sammelzeiten

Seite	Wildpflanze	1	2	3	4	5	6	7	8	9	10	11	12
9	Brombeere								F	F			
18	Buche				L	L							
										F	F	F	
23	Eberesche									F	F	F	
26	Esskastanie										F		
37	Felsenbirne							F	F				
41	Fichte				L	L							
52	Hasel									F	F		
61	Heidelbeere							F	F	F			
71	Himbeere							F	F	F			
79	Holunder					B	B						
									F	F			
101	Kornelkirsche								F	F			
109	Lärche			B	B	B							
112	Linden						B	B					
116	Preiselbeere									F	F		
121	Robinie					B	B						
124	Rose, Wild-					B	B						
										F	F		
124	Rose, Kartoffel-						B	B					
									F	F	F		
138	Sanddorn								F	F			
148	Schlehe										F	F	
156	Spitz-Ahorn				B								
159	Vogelkirsche				B	B							
							F	F					
163	Walnuss									F			
176	Weißdorn								F	F	F		

🟥 Früchte 🟧 Blüten 🟩 Blätter / Nadeln

186

Die Autorin

Gisela Tubes hat an der Westfälischen Wilhelms-Universität in
Münster Diplom-Landschaftsökologie studiert und lebt seit 1989
in Detmold. Sie arbeitet in einer Buchhandlung und ist als Autorin
für Zeitungen, Zeitschriften und öffentliche Institutionen tätig. Ihr
Schwerpunkt liegt dabei auf ökologische Themen, vor allem der Wild-
pflanzenkunde. Zum Thema „Wildpflanzen in der Küche" bietet sie
Kräuterwanderungen und Vorträge an.

Nutzbare
Wildpflanzen

Dieses praktische Buch führt Sie zu allen Jahreszeiten zu den köstlichsten und gesundesten Wildpflanzen, die uns die Natur bietet! Neuartig ist dabei die Gliederung nach Lebensräumen als Fundort, also: „Was finde ich wo"! Weiterhin – und auch das ist neu – stellt die Autorin die Nutzbarkeit der Wildpflanzen insgesamt in den Vordergrund.

Das Spektrum der detailliert beschriebenen und mit brillanten Fotos vorgestellten Pflanzen orientiert sich an der Häufigkeit des Vorkommens, was für den Nutzer die Chance des „Findens" erhöht. Von den Porträts ausgehend, erfolgt eine Verzweigung zu den vielfältigsten Verwendungsmöglichkeiten, u. a. zu vielen leckeren Rezepten und zahlreichen Anwendungsbeispielen für Küche und Gesundheit. Übersichtliche Tabellen, z. B. nach Inhaltsstoffen, erlauben einen gezielten Zugang sowohl zu den Pflanzenbeschreibungen als auch zu den Anwendungsvorschlägen und erhöhen den Praxiswert dieses handlichen Begleiters Ihrer Streifzüge durch die Natur!

Gisela Tubes

Nutzbare Wildpflanzen
gesund und schmackhaft

2. Auflage 2014, 368 S., 404 farb. Abb., gb., ISBN 978-3-494-01588-0

Best.-Nr.: 494-01588

€ 16,95

Grundkurs
Pflanzenbestimmung

7. Auflage

Innerhalb weniger Jahre hat sich dieser „Grundkurs" einen Spitzenplatz in der Beliebtheit bei allen botanisch Interessierten erobert!

Denn: Mit Hilfe dieses Buches gelingt es, nicht nur die ca. 600 häufigsten Pflanzenarten schnell und einfach zu bestimmen, sondern auch mit umfassenden Florenwerken wie dem „Schmeil-Fitschen" perfekt umzugehen. Der „Grundkurs" ist seit der 5. Auflage an die neue Systematik angepasst und um zahlreiche weitere Arten ergänzt worden. 1.200 zusätzliche farbige Blattabbildungen erleichtern den Bestimmungsvorgang.

Rita Lüder

Grundkurs Pflanzenbestimmung

Eine Praxisanleitung für Anfänger und Fortgeschrittene

7., durchges. u. korr. Auflage 2014, 552 S., 3200 farb. Abb., gb., ISBN 978-3-494-01615-3

Best.-Nr.: 494-01615

€ 19,95

Quelle & Meyer Verlag GmbH & Co. Industriepark 3, 56291 Wiebelsheim, Tel.: 06766/903-141, Fax: -320
www.quelle-meyer.de

Preisstand 2014 · Änderungen vorbehalten

Bibliografische Information der Deutschen Nationalbibliothek
Die Deutsche Nationalbibliothek verzeichnet diese Publikation in der Deutschen Nationalbibliografie; detaillierte bibliografische Daten sind im Internet über http://dnb.d-nb.de abrufbar.

1. Auflage 2014
© 2014, by Quelle & Meyer Verlag GmbH & Co., Wiebelsheim
www.quelle-meyer.de

Alle Fotos stammen von der Autorin
Druck und Verarbeitung: COULEURS Print & More GmbH
Printed in Slovenia/Imprimé en la Slovénie
ISBN 978-3-494-01592-7